WANZHUAN
WEIXIN
ZHUANDAQIAN

闫 岩◎著

中国微信营销的扛鼎之作
解密微信背后的赚钱金点子

# 玩转微信
# 赚大钱

台海出版社

图书在版编目(CIP)数据

玩转微信赚大钱 / 闫岩著.--北京:台海出版社,
2014.6

ISBN 978-7-5168-0371-4

Ⅰ.①玩… Ⅱ.①闫… Ⅲ.①网络营销 Ⅳ.
①F713.36

中国版本图书馆 CIP 数据核字(2014)第 153234号

**玩转微信赚大钱**

著　　者:闫　岩

责任编辑:王　萍

装帧设计:天下书装　　　　版式设计:通联图文

责任校对:唐思磊　　　　　责任印制:蔡　旭

出版发行:台海出版社

地　址:北京市朝阳区劲松南路 1 号，　邮政编码:100021

电　话:010-64041652(发行,邮购)

传　真:010-84045799(总编室)

网　址:www.taimeng.org.cn/thcbs/default.htm

E-mail:thcbs@126.com

经　销:全国各地新华书店

印　刷:北京柯蓝博泰印务有限公司

本书如有破损、缺页、装订错误,请与本社联系调换

开　本:710×1000　　　1/16

字　数:210 千字　　　　　印　张:15.5

版　次:2014 年 9 月第 1 版　　印　次:2014 年 9 月第 1 次印刷

书　号:ISBN 978-7-5168-0371-4

定　价:35.00 元

# 前　言

## 1

全民微信时代的开启,让微信营销成为了炙手可热的营销方式——

从商场旺铺,到街边小店,从银行酒店,到深巷小馆……只要你有智能手机,只要你对时代稍有敏感度,都开始"玩"起了微信。

而随着微信越来越火爆, 嗅觉敏锐的创业者已经将目光聚焦于此——

最早一批驻扎平台的创业者示范效应非常明显,自媒体群体在微信也火了起来,各类营销账号更是早早布局驻扎。微信给了草根和大牛同样的机会,其瞬间庞大的用户增长量,点对点的私密性传输,朋友圈更具黏性的熟人关系网,使得微信营销正如火如荼地展开。多个QQ群里,微博大号们、营销公司、品牌商们都在求互粉增加粉丝,以求快点达到1000粉丝并得到腾讯官方认证,或者寻找帮助运营微信的代理公司……

专家认为, 随着微信4亿用户的突破, 未来的微信金矿将享之不尽——

无论是微信的工具产品的开发,还是微信的电商CRM(客户关系管理)的后端服务,都是非常有价值的:"谁能深度挖掘好微信的潜在价值,谁就能创造出一个营销奇迹!"

## 2

没有人怀疑微信在未来具有巨大的发展空间,但,究竟如何才能把微信运营好,是个值得研究的课题。

就像大家都知道,微信是一个大金矿,可微信创业的金矿该怎么挖?

比如,微信账号运营有哪几个重点? 又有哪些大忌?

如何规划微信自媒体？又有哪些注意事项和技巧？

企业和个人微信创业者们如何才能通过做好微信营销和微信公众账号运营来创造更大的经济价值？

微信创业目前有哪些成功案例？

……

鉴于此，我们编著此书，本书为《"赢"在微信》的实战升级版。在书中，针对微信5.0版的特征和功能，结合各大成功案例和多位业界资深人士观点，作者为创业者、企业经营者、市场营销者等打造了一个系统的微信营销、微信创业操作指南，为当今想做微信营销却又不懂怎样开展的庞大群体指引道路。

本书文字轻松、易懂，不是理论的说教，也不是简单的堆砌故事——在内容上，我们通过对微信各个成功案例的剖析，详细呈现了各企业和创业团队的微信营销和运营的步骤和方法，同时水到渠成地总结出了他们的思路、战略与战术以供读者参考；在立意上，我们结合整个网络"微"时代的现状与发展，让读者们以全新的视角来看待"微信时代"的生活态度，同时为企业指出了如何利用微信来打造品牌，为"草根"阐述了朋友圈开店技巧，为创业者点拨了移动电子商务时代的发展机会，更有整套的微信营销策略甚至职场微信攻略……大小商家们，各种市场主体，只要是欲在微信上开疆辟土的读者，都可以在此找到信息化带来的这一桶金。

### 3

移动互联网时代，是微信的时代，是微信营销的时代。

在这个时代的风口浪尖上勇敢抓住机遇，迅速崛起的，一定是这个时代的黄金一代！

无论你是哪一类读者，此书都为你讲述和揭晓如何利用给人们的生活带来巨大变化的微信来营造自己的未来。

# 目 录
## Contents

**第三章　微信营销——第一时间抢摊互联网营销热地**     72

> 　　众品牌纷纷抢滩登陆,微博上代理公司也正式挂起了"微信营销"这块招牌,一时间,微信成了互联网一大营销热地。那么,微信营销的前景究竟如何?品牌疯狂涌入的同时又有多少可以最终留在这个平台上?

**第四章　朋友圈的商业金库——如何和客户交朋友**     105

> 　　微信是强关系的代表,它点对点的形态注定了其能通过互动的方式产生更大的价值。利用互动与用户建立联系,成为朋友,让企业与用户之间不再是冰冷的关系——你会相信陌生人,还是信任你的"朋友"?

## 第五章　既接地气又赚钱——传统企业如何玩转微信　　　**143**

> 微信已经在革命性地颠覆过去的企业客服甚至业务流程。还犹豫什么?谁跑得最快,谁笑到最后!

## 第六章　微信时代的移动电子商务——让客户都在你的手机中　**180**

> 微信时代,你的客户都在你的手机当中,带上你的手机就可以做生意。每一个互联网的新工具和媒体的诞生,都会衍生新的财富,当然,也在改变人与人之间做生意的方式。

第七章　老板去哪儿——让小微信成为你升职加薪的攻略　　**219**

微信已深入职场人的生活,无论是工作、交友、通讯,甚至是求职、招聘,都开始和微信挂上了钩——但,当你的老板要求加你微信,你加还是不加？

# 第一章

# 请不要再错过微信了

## ——微信潜在的商业价值

"再小的个体,也有自己品牌"——腾讯微信公众平台首页醒目位置写着这句话。

# 1.微信潜在的商业价值有多大?

  微信自2011年1月21日诞生以来,其用户数已经突破3亿,其瞬间庞大的用户增长量,点对点的私密性传输,朋友圈更具黏性的熟人关系网,使得微信营销正如火如荼地展开,多个QQ群里,微博大号们、营销公司、品牌商们都在求互粉增加粉丝,以求快点达到1000粉丝并得到腾讯官方认证,或者寻找帮助运营微信的代理公司。

  为什么微信营销能成为势不可挡的创业趋势?

  我们要从微信潜在的商业价值说起。

  **(1)微信是低门槛、高收入的创业平台。**

  首先,微信的门槛很低,只要有一个QQ号、电子邮箱或手机号,无需任何其他条件,就可以注册微信账号。

  你可以不懂技术,甚至,你可以什么都不懂——只需懂得怎么用电脑操作公众平台和会打字就可以了。

  为何这么说?因为公众平台不一定非得要路况、团购这类微信账号,小众咨询类也一样受欢迎。比如,一个律师可以建立一个法律咨询的公众账号,每天只要抽空使用电脑回复相关咨询就可以了;一个小学数学老师可以建立一个小学数学答疑的公众账号,每天抽空回复一些同学的问题即可。只要有自己的一技之长,谁都可以建立一个属于自己的公众账号。

  其次,在这些低门槛的创业背后,蕴含着一笔可观的收入。

除了营销号之外，那些微信大号也在努力地赚钱，比如微信上搞团购的、卖电影票的、卖化妆品的、搞电商的。

另外，在上面提的几个低门槛的例子里，也蕴含着浓浓的商业气息。比如，律师可以通过法律咨询将用户变成自己的客户，在微信开通支付功能后，还能对咨询收费；而小学老师或心理医生等也都可以走这条路，比如为辅导的学生提供课外补习或家教，将咨询心理问题的用户变成自己的客户或对咨询收费等。

再次，在移动端，添加一个微信账号和跟一个微信号对话的成本是极低的。

目前看来，许多服务性App的功能都可以在微信平台上实现。对于许多用户而言，关注3个微信移动账号比下载3个服务性App要省力许多。这对于快速拓展产品的知名度和用户群体有很大帮助。

最后，腾讯已经将"开放"确立为移动互联网时代公司的战略之一。

作为以通信、社交为核心的微信，它不会像当初PC端的QQ一样给自己背上太多的负担，不会去替代更深层次的商务应用。因此，完善平台生态圈就必须依靠广大的创业者。

**(2)微信第一次让精准营销从可能性变成了可行性。**

微信从一诞生就是以用户关系为核心建立起来的社交平台。微信关注的是人，人与人之间的交流才是这个平台的价值所在。微信是定向的信息渠道，点对点、扁平化的特点显露出其在传播范围内巨大的覆盖面优势，符合时下精细化营销和整合直复营销的发展趋势。

第一，微信让UV（网站独立访客）、手机号、E-mail等"数据人"变成了实实在在的人。

做过精准营销的都知道，你从数据库的那一堆手机号、E-mail地址里，是根本看不出一点个性来的，那又谈何精准呢？不过是借用一个概念罢了。而微信账号，则让ID有了人性，你知道他是男是女，是哪里的人（目

前只有到这个层面,但是未来把个人信息丰富起来其实很简单)。

更重要的是,未来它会成为一个像手机号一样的通用ID,这就具备了建立用户数据库的可行性。微博本来是有成为通用ID的可能性的,但是由于微博平台天然的反营销属性,导致它不能给企业的官方账号提供除了展示广告以外的营销服务,所以,虽然它的ID有价值,但却很难进行pull式营销。

第二,微信给了营销者一个直接与用户对话的渠道。

几乎所有的营销者,这么多年来,都在强调要和用户互动,要了解用户的真实需求,但是如何做到呢?靠把十几个样本拉到公司来开会?还是靠电话拜访或者问卷调查?先不说真实性如何,其效率本身就非常低。而微信,可以让营销者和一个具体的顾客对话。

有人反驳说,你一天收到上万条回复,怎么处理?但是,这里就是创业机会呀!上万条你处理不了,但一定有人能够处理;人处理不了,程序能不能处理?再说透一点,你可以设置一个这样的自动应答:"退换货请回复A,咨询产品请回复B,促销信息请回复C,闲聊请回复D。"想要处理,总是有办法的。

第三,微信给营销者提供了更多的技术可能性。

微信未来会成为一个开放平台,营销者可以开发有独特功能的插件,这在营销技术上是个革命。随着伟大的HTML 5技术普及,营销者完全可以开发出独具特色的营销工具,然后用微信发送给用户。比如说,歌手要开演唱会,那主办方可以开发一个歌曲投票器,让粉丝们在上面直接点选投票决定最后唱哪些歌。这样的例子举不胜举。

第四,微信是服务而不是骚扰。

传统广告之所以不讨人喜欢,是因为它在没有得到受众允许的情况下,给受众展示了他不需要的内容。没允许,不需要,是扰民的根本原因。

微信在这方面做得非常好,公众账号是不可能主动添加个人用户的,微信平台也不会给用户推公众账号,用户添加公众账号的唯一途径就是手动添加。既然用户是自己做出了这个动作,那就说明用户是自愿收到来自公众账号的信息,这算得上骚扰吗?如果你加了几天,觉得它发的东西不好,那你果断删除就OK了,以后就不会再收到它的消息了。

第五,微信真正实现了绑定移动设备。

总有人说,微信和移动QQ不是一个道理吗?因为从形态上看,二者太像了,功能基本都差不多,那怎么能说只有微信绑定了手机呢?

要回答这个问题其实很简单。当你发微信给你的微信好友时,他一定收得到,这点同意吧?但是当你发QQ消息给QQ好友时,他未必会立即收到,因为他不一定时刻都在线。所以,只有微信才是绑定手机的通信工具,移动QQ不是。绑定了手机以后,移动互联网的"科幻"功能才能变成现实应用。

所以说,微信第一次让精准营销从可能性变成了可行性。

**(3)微信新的营销模式催生了新的营销服务态势。**

微信公众平台开放不到一个月,基于微信账号导流的"小微客"、"微聚"等导航平台便出现了;同时,基于微信内容营销服务工具的第三方开发者开发的"微语音"、微信营销系统CatchWe3.0也纷纷挤入挖掘微信营销的市场机会。

实际上,"小微客"是以微信为主题的导航,更像是微信公众号发布、微信交友等功能为一体的微信社区,用户可通过"小微客"分享自己的微信号和微信二维码,让更多的用户关注,搜索自己喜爱的品牌、明星,阅读、发现更多有趣的微信号。

深圳某业界人士透露,虽然现在免费,但未来"小微客"会提供微信用户与微信企业之间的交互平台,让用户可以传播企业的品牌和商品,帮助企业节省品牌传播的营销服务费,广告将会成为"小微客"的主要盈利模式。

而基于微信的另一种营销服务模式则是第三方的开发工具，微信营销处于早期摸索阶段，因此，工具类应用将会越来越得到关注。

以微信营销系统CatchWe3.0为例，杭州某科技界人士介绍，主要建立在微信的LBS(地理定位)功能基础上，微信营销系统运行在电脑上，系统内置地图，可以指定任何地方搜索附近的人，设置10条打招呼用语，自动给每一个对象打招呼和添加，添加完后还可以自动群聊。

这类工具的出现虽然达到了商家接触到用户的目的，但是很容易造成打扰。所以，进行微信营销最为重要的因素就是企划执行能力，一定要针对通过微信过来的客户策划出很多专门的活动，让微信会员享受到额外的优惠或者服务，才能打动消费者。

目前，中国企业普遍面临着信任危机，产品质量控制、生产技术、品牌传播、危机发言等都受到了公众的普遍质疑，由此导致产品的忠诚度高的消费者变得稀少，更经受不起行业的各种负面新闻的冲击，产品销量也变得不是非常稳定，一定阶段更加依赖于价格促销来维持销量，刺激那部分对价格敏感度高的消费者。一定程度上说，中国企业的品牌附加值大幅度缩水，陷入了传统的销售模式循环中难以自拔。

因此，微信这种尚不成熟的传播渠道非常适合企业的品牌积累和定向传播，以便逐渐积累忠诚消费者。特别是微信逐渐向中年人群渗透的时刻，哪个企业能深度挖掘好微信的潜在价值，哪个企业就能创造出一个营销奇迹。

至于微信现有的功能限制和不足，在一定程度上是受到商业价值驱动的，大的商业投入和尝试是可以扭转微信的开发力度和价值取向的。

# 2.草根的零成本创业——有了"朋友圈",就有好收益

虽然微信公众平台更被寄予厚望,但是确实很难实现商业价值,因为有发送限制,而且推送会打扰到用户。朋友圈分享则没有这个顾虑,用户可以无意被动浏览,并主动了解。同时,微信朋友圈记录了店主的生活,很容易产生人性化交流,更容易产生信任感。

**把熟人的关系经营得更好,把陌生人经营成熟人**

其实,我们玩微信大部分时间都是在玩微信的朋友圈,在微信朋友圈分享自已的生活,如今天自己到了什么地方,读了什么好文章,以及自己的所见所闻。可以和一群朋友进行互动沟通、交流,在这个时候,你会真正感觉到自己生活在一个真实的圈子里,感到亲情、友谊的温暖。

在这个物欲横流的世界,人与人之间的感情变得越来越淡,生活给自己带来了巨大的压力,没有地方去释放,每一天都在追着自己的欲望跑。当你希望得到亲人、朋友、家人关心的时候,可以拿起手机,在自己的微信朋友圈里分享一下自己此时的心情,你很快就会得到同事、家人的鼓励和帮助,感受到人与人之间的关怀和感情。

在微信的朋友圈里存在两种关系:一种是熟人关系,另一种是陌生人关系。

熟人关系:通常都是由家人、亲人、朋友、同事这些人组成。无论亲情、友情还是爱情,都需要用心去经营。很多远在千里之外的朋友、亲人很少有时间进行沟通、交谈,有了微信朋友圈,他们就可以用微朋友圈来保持联系,同时,一起在这个圈子里学习、成长、进步。

另外,朋友圈找人也特别方便,小时候的玩伴,大学时候的死党、闺

蜜、情敌都在这里面。曾经,那些小学同学、中学同学、大学同学,很多时候只有在同学聚会的时候才能见到;现在,在朋友圈里,这些人你都能搜索到。

陌生人关系:随着我们在外面不断地公布自己的微信账号,会有很多陌生朋友加我们微信号,这里面有潜在的顾客,还有竞争对手。

潜在的顾客加我们,是因为想了解我们,了解了我们的价值之后,他们就有可能转化成真正的顾客;竞争对手加我们,是想跟我们进行合作或者想干掉我们……

所以,微信里的朋友圈实在是一个经营熟人和陌生人关系的好地方,能把熟人的关系经营得更好,把陌生人经营成熟人。

此外,微信里的朋友圈能分享微信公众账号里有价值的文章,这样的分享可以带来巨大的商业价值。

一篇好的软文,只要朋友一转发,就会产生分子分裂的效果。一个朋友的转发,会导致10个、20个朋友转发,之后,又会有朋友的朋友转发……当然,这需要高质量的内容,才可以达到效果。

朋友圈已经在感情上超越了朋友圈本身的价值,它附自于人感情的延伸,懂得人有多么孤单和寂寞,使陌生人关系和熟人关系在微信的朋友圈里完美地融合,用最潮流的沟通方重新构建人与人之间的关系。

**草根零成本,做生意收入可观**

下面,我们再谈一谈微信朋友圈里的商业价值。

渐渐地,很多人都发现了微信朋友圈中的商业价值。不光公众平台纷纷开通了微信平台,就连普通的注册用户也不愿放过其中的潜在商机。

"90后"白领小李就是靠着朋友圈做小生意的其中一位。她向记者讲述了一年多来,她零成本地通过该平台赚取了除工资外8万元额外收入的故事,而这笔收入助她买了人生的第一辆小车。

"发现朋友圈这一商机，是因为圈里有很多人在发自己经营的玉、红木、酒还有服装，随后，我便开始合计自己也做点什么小生意。"在医院从事行政工作的小李说，起初并没打算靠这个挣钱，就是抱着玩的态度，每天发一些照片配一些文字，然后传到朋友圈里去，后来发现经营模式比淘宝还简单。"单位和家里都有wifi，货源是老同学家里自己做的皮具和鞋子，没想到，第一个月就赚了1000多块钱。随后我进的货越来越多，从新货品到二手货交易，从送货到快递物品，仅仅一年半时间，我就挣了8万块钱。"

在微信平台查找公众号一栏输入"代购"两字，便会出现一连串公共营销账号，但多以奢侈品代购为主，代购种类丰富。小李说，她经营朋友圈的经营模式大概就是每天发布至少15条以上的新商品微信，平均一天可以成交1笔左右，而付款方式是直接打到她的银行账号上。

而据小李掌握的信息来看，朋友圈购物的普遍情况都是先汇款再发货，而且大家相互看不到别人的评价；而如果对方收到的产品不合心意，可以退货但邮费自理；若出现质量问题也可以退换货，同样，邮费自理。"一般来讲，店主不需要仓储成本、物流成本，甚至连拿货成本都不需要，卖价与出厂价的价差就是纯利润。"

当然，微信的朋友圈实际上是一个熟人圈微博，微信网店的交易虽然提供了诸多便利，但是同样存在风险。虽然消费者觉得与店主之间有某种信任，但毕竟买卖双方没有构成契约关系的买卖合同，交易过程中最好还是多留心，消费者最好通过第三方支付平台来购买商品。

芬芬是做美睫和美甲产品的，最近开始用朋友圈创业。团队一共两个人，有自己的产品和渠道，然后利用经验进行培训销售一体化服务。她用微信朋友圈分享新产品，客户和代理看到后，就会下单订购，或者邀请她

培训。培训的价格大概是一小时1000元,培训完,进货后的单价大概在2～5万。他们前期投资不到20万,目前已经完全回本,还有了差不多30万的利润。而且,这不需要增加太多的人力,比淘宝店运营简单很多,不需要拍照美化,一个手机就搞定了。类似的账号还有很多,比如珠宝的、奢侈品的。

现在,我们来总结一下微信朋友圈的商业模式特点。

第一,专业化程度高,有一定的门槛,行业比较小众,没有大公司、大品牌横行。

第二,单价比较高,所以不需要太多的客户,一对多,维护百人左右的规模,就可以达到不错的销售额。

第三,客户是不断积累的,要靠关系维系,有信任度,这和电商的引流转化模式有很大的不同。而且,用户评价是完全区隔的,一个人的差评不会干扰其他人的选择。

第四,比起公众平台来,朋友圈不会因为推送而打扰到用户。用户没事刷刷朋友圈,就可以看到自己感兴趣的产品,真正的小而美。

# 3.电商的爆发式增长——微信电商实操手册

为什么要在微信上做电商?未来的营销,不需要太多的渠道,只要你的产品进入消费者的手机,就是最好的营销。传统电商和传统企业进入移动互联网成本太高,而微信实现了"零成本"进入移动互联网。

**商业模型分析:SNS(社交网络服务)电商的靠谱形态**

目前的电商形态其实非常简单,虽然里面有很多技巧,但概括起来只有5个字:"流量转化率",就是怎么买流量,怎么提升转化率。就C2C(个人与个人之间的电子商务)的情况而言,一般毛利率很低,交易比较繁琐,运营越来越专业,人工成本比较高,不确定性非常强。所有的提升都有很大的限制,经常会陷入规模经济的死结——不断地增加流量、增加人手,不断地扩张,被迫高速运行,直到不堪重负。

而之前在电商领域,淘宝一直试图进行社交拓展,但旺旺还是无法做成QQ的形态;而收购微博,也是希望把SNS加入电商之中,但这种组合还是无法对电商本身形成有效促进作用;而"美丽说"这样的产品,在很快沦为淘宝客的天下后,流量也大幅下降。事实上,所有SNS电商的尝试都不够成功,这里既有基因的原因,也有淘宝的支付宝中介交易模式的特点限制的原因。

下面,我们来分析一下微博、淘宝和微信朋友圈的几个不同点,来看为什么微信朋友圈更适合做SNS营销。

(1)单向沟通:微博的评论大家都可以看到,淘宝的评价大家也都可以看到,而微信朋友圈看不到别人的留言,大家都是单向沟通。这种不透明的沟通体系带来了交易空间,不会像淘宝那样越来越透明,只能靠逃税和假货增加毛利率。

(2)无缝切换单聊:微信是专业的综合IM(即时通讯)工具,比点击网页激活旺旺和微博私信方便很多。现在淘宝做网页版旺旺,实际也是证明旺旺无法成为综合IM工具,只是功能性IM。

(3)最大优势:微信朋友圈人店合一,可以积累客户。这是淘宝店铺无法做到的,淘宝收藏店铺功能效果有限。

(4)微信不是电商工具,不存在很多摆摊的店铺,没有比价可能,完全基于感情消费。

### 朋友圈电商的形态

这里,我们首先要强调朋友圈电商的一个重要特点,那就是真正的基于强关系SNS,这里面真正出现了情感销售。而情感可以解决几个问题,一个是毛利问题,没有比较,就没有价格战;一个是交易问题,不需要支付宝,完全可以凭借感情来做,这边打款那边发货。很多人会担心这个,那么你用支付宝做交易平台也是可以的。

微信朋友圈需要长期经营,而且存在LBS定位,换句话说,这个人是真实存在的形态。这个其实更适合作为本地社会化营销的工具,而跨地域会带来更多的麻烦和成本,实际上是得不偿失的——当然,也取决于产品类型。

由这种特征带来的营销方式的颠覆,首先就是你不再需要那么多新的流量和客户,只要有稳定的老客户和批发商就行了。虽然前期拓展比较慢,但你做成一个,这个客户几乎就会永久地留下来,你们甚至会成为朋友。

其次是你节约了大量的人力,不需要模特拍照,不需要作图设计,不需要网站运营,甚至连客服都可以自己干,也不需要推广费用,一个人沟通宣传,一个人发货做账,两个人至少可以做到之前一个团队的工作量,这也就意味着毛利率的大幅攀升。

Nancy美睫公司成立2个月,两个姑娘搭档,已经做到了月收入30万,还是玩着做的,不需要盯电脑,只是到处溜达着和客户"打情骂俏"。按照目前的增长速度和客户积累的情况,Nancy自己判断,如果做到80万,两个人就确实太辛苦了,可以适当增加人手。但她自己不想这么辛苦,觉得目前这样的状态就很好。

Nancy做这个生意,互联网推广方面的投资基本没有,只是租了房子,改造了操作间,同时落地了几个合作实体店铺,把微信的客户倒到自己的经销商处做美容。大家都非常满意,由此也带来了更高的黏度和竞争壁垒。

而这个电商的形态非常简单,每天发送一些最新商品的信息和优惠活动,用户和批发商看到后,感兴趣的就会联系去做或者进货,然后用户直接被推荐到相关店面,而进货的经销商付款后,Nancy自己去送货或者经销商自取,或者快递都可以。同时,她们还提供相关的店员培训工作,培训收费达到6000元/人,此为纯利。

做过电商的人都知道,这里还有一个转化率的问题。根据实际经验,200左右数目的客户和商户,可以每天实现2~4单的转化率,客单价从上千到几万不止。玩着做一个月就能做二三十万,如果用心去挖掘,加强用户沟通,效果应该还会有所提升。

Nancy分享经验心得如下:

(1)尽管朋友圈的信息不会直接推送用户形成打扰,但我们同样不建议用刷屏的形式进行推广。每天发布的条数可以控制在5~8条左右,时间段可以岔开,让他们在看朋友圈的时候,偶尔会看到,然后吸引他们点进来看你的全部消息。应当包括新品信息、优惠信息、针对客户的知识普及、针对经销商的新品促销之类的,还要包括两三条个人的生活状态,比如拜访客户什么的,以增加其他观众对你的信心。

(2)注意使用@提醒谁看功能,以提醒你的强目标客户,也算强推的一种,不过不会让人讨厌,因为大家都喜欢看看谁又圈我了,这和微博的特点一样。

(3)如果你一定要发布很多产品信息,以方便客户查阅的话,一定要选择半夜,这时刷屏不会影响到用户,同时信息也会留存在你的主页上。这样,即使第二天会被别的信息冲掉,但用户点进你的主页看的时候,还是可以看到完整的产品信息。一点个人小建议是,放一些自己小资生活的照片,以及用户使用后的照片,以达到建立个人形象和影响用户的目

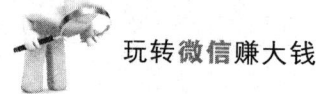

的。因为大家一般会相信生活态度比较优雅的人,不靠谱的人总会让人不信任。

(4)客户拓展这个问题是被问得最多的一个问题。其实这个问题并不复杂,如果你用流量用户去思考这个问题,肯定是无解的,我们不能刷粉。这个商机很简单,就是去培训也好,去客户那里也好,都会习惯加个微信,包括之前的电话号码导入,这样就积累了很多客户。后来我们发现,一些很无意的分享,就会吸引人通过微信来问询,于是,我们开始专心在微信朋友圈做分享。后来业务越来越好,就自己成立了公司,专门做这个,结果业务突飞猛进,超过了自己当初的想象。

(5)淘宝店的朋友可以把自己的熟客逐步用微信管理起来,不要用公众平台,就用私人账号,然后用朋友圈做宣传,直接沟通管理,然后引流到淘宝成交,一样非常方便及时,而且客户主动意识更强,比引流的效果好很多,几乎没有成本。

(6)朋友圈也可以复制分享,引导用户分享产品并给予优惠是很好的传播方法,传播效果和微博类似,可以起到病毒传播的效果。比如,你转发了我的优惠信息,我就可以给你一个8折优惠。在这里,很多微博营销的方式也都可以用上。分享信息是不出现在主页里面的,所以不会影响他自己主页的整洁程度。同时还可以发动粉丝通过分享介绍客户,并给予一定的提成比例,也可以复制淘宝客的模式。这种复制非常简单,而且是强关系的淘客推荐,效果依旧非常好,也不会引起用户的反感。

(7)客户维护,这个就没什么好说的了,没事给客户问个好、发个语音,纯个人交流沟通。每天沟通10个人,一个月也可以问候300个用户。建立情感关系,也是营销成功的基础。

# 4.在新媒体营销盛行的当下,如何做好微信营销?

4亿多用户平均每6.5分钟低头一次,这样的关注度让一度火爆异常的微博也不得不对微信甘拜下风。这也让商家们看到了机会,于是,各种公共账号纷纷上线微信,特别是有点抓不住客流的实体零售。

微信的影响力不仅在实体零售,马云曾在2013年IT峰会上对马化腾说:"你的微信让我害怕。"一向注意分析消费者的银泰也上线了银泰网官方微信账号。在各家的比拼中,关键问题已经不是要不要做微信营销了,而是如何做好微信营销。

那么,在新媒体营销盛行的当下,我们究竟如何做好微信营销呢?

**为什么说微信是新媒体营销的利器?**

随着网络、科技的发展、普及及创新,相关设备、技术的不断升级,数字化技术大量应用于新媒体,资金、人才向新媒体的不断流动,触发了新媒体蓬勃发展的多元化态势。越来越多的新媒体形式冲击着我们的生活,搜索引擎、手机媒体、互联网媒体、户外大屏、楼宇电梯口广告、车载移动电视等新型媒体层出不穷,从日常使用的终端产品到日常消费形态,可以说无一例外地受到了新媒体的强烈影响。而新媒体的运用,牵引许多商贸企业进入"新营销时代"。

在新媒体营销盛行的当下,越来越多的官方微博逐渐引起很多消费者的"厌烦",更加注重私密性的微信从一出生就受到了消费者的热捧。

说起微信营销,就不得不提北京朝阳大悦城,近20万微信粉丝,超过

40%的互动率,单日回复量超过5000条的微信活动……这样的成效,大有超越杜蕾斯微博营销的神话。

更为关键的是,由2人组成的运营团队要同时负责微博与微信,这样的投入产出比是任何公关公司与媒体都无法达到的。

而在一千公里以外的安徽合肥,由创意与美化2人组成的乐城超市微信营销团队,也在书写着小投入大产出的故事。

安徽乐城投资股份有限公司品牌营销中心总监李奇认为,将乐城超市会员与微信粉丝相互结合,可以更好地得到消费者信息与偏好,对于超市本身的品类改良和活动推广有着很好的效果。

以促销信息发放为例,过去经常采用的DM(直邮)广告,不仅耗费印刷费和纸张成本,还有发放DM的人工成本;而微信发放一条促销信息所需成本几乎为零。

湖南家润多就充分利用了这一点,会员专享、促销广告几乎占据了其推送信息的2/3;上海家乐福占比略低,也达到了1/2。

对此,业内人士认为,借助微信平台可以向粉丝发布包括视频、图片、语音、文字在内的潮流讯息和精心安排的打折信息。同时,通过与消费者的互动,企业可以分析消费者的消费习惯、客单价、频率等,制定不同页面的个性化菜单,实现精准的营销推广。

此外,微信作为较为私密的沟通工具,实现了商家与消费者之间的双向交流。

目前乐城超市的微信平台还充当着客服平台作用,微信在移动客户端上的使用特性决定了其与门店的对接性,消费者在购物时使用的可能性最大,消费者的需求与投诉也可以更快、更准确地到达企业。

而朝阳大悦城的目录式微信,由"看看"、"找找"、"乐乐"构成的二级目录,分别对应朝阳大悦城基本信息、楼层引导、折扣活动等子目录,犹如粉丝的贴身引导员。

"每个月1~2次的互动活动，不仅可以测试微信粉丝的活跃有效度，还让大悦城的微信账号变得更有意思。"朝阳大悦城推广部助理总监文娟表示。

另外，为更好地探索O2O（线下商务与互联网结合），乐城与朝阳大悦城等商家纷纷将线上线下的会员体系打通，近一步增加了会员数量与黏性。

### 做好微信营销内容为王

世上从来不缺好故事，只是缺少讲好故事的人。微信营销如何做好，营销专家刘伟斌强调内容是关键。

作为乐城超市的微信主要策划人，李奇经常"泡"在网上，企图从那些有意思的段子中挖掘出适合乐城超市的故事。

李奇表示，微信适用人群普遍年轻化，生鲜等产品的特价已经不是他们关注的焦点，只有出奇出新才能让他们主动点击。

这个看似简单的道理，其实操作起来并不轻松。2013年5月，乐城微信平台刚刚成立，沿用传统的促销信息推广，其效果并不明显，点击量差，消费者认可度低，粉丝增长缓慢。

经过不断摸索，"完美老婆的一天"、"合肥大妈买菜攻略"、"合肥十大牛肉面排行榜"……一个又一个的接地气又生动的小故事与人分享，让乐城超市的微信到达率从最初的不到20%，增长到了50%以上，粉丝人数上升为7000人，活跃粉丝占50%以上，有效粉丝达到70%。

2013年8月，乐城超市针对合肥的高温天气，推出了"不降温，就降价"的促销信息，不仅贴合实际，也"勾引"了一大批蹭凉人士，这条微信的到达率高达70%。

在微信上有着不错成绩的银泰集团，更是让其微信平台成为了消费

者的贴身管家。

"明早17度"——2013年9月26日银泰百货杭州城西店的推送信息头条,既是天气预报,也是搭配提醒。"西湖水满,白娘娘,你别闹了"这样的天气预报,怎能不让人点开看看呢?

聊天气、讲搭配、评时尚,从停车场、店铺导航到产品解说,应有尽有,时不时推出的大牌互动抽奖,更是牢牢抓紧消费者那颗飘忽的心,例如其由微信引导的"跟闺蜜去丽江"活动,一推出就引起了广泛关注。

对此,银泰杭州文化广场店的相关负责人表示,微信平台的主要用户的年龄区间在20岁~35岁,与百货店绝大部分的客群重合,而相对于微博点到面的传播方式,微信点对点的交流让信息传达更细致、更人性化。

而各种萌系代言人也让微信营销内容更加丰富,例如乐城超市代表零食的大嘴鸟、朝阳大悦城的朝小悦卡通人物等。

对于微信内容的推送,业内人士也指出,关于推送时间,晚上推送最好,因为这段时间读者有足够的时间来阅读。不过,推送频率不宜过高。

**社交背后的营销**

能陪吃、陪玩、陪聊的微信,正在逐渐渗透进生活圈子广泛而又闭塞的年轻一代的生活。但是作为社交工具,正如微信带头人张小龙说的那样,"微信,外界炒得过热了",而微信产品总监曾鸣则就微信公众平台表明态度:"微信不是营销工具,视公众账号为营销渠道的做法行不通。"

既然这样,为什么以公共账号为平台的各商家依旧前赴后继涌入微信呢?或许因为张小龙还说过:"你如何使用微信,决定了微信对你而言,它到底是什么。"

于是,在李奇的手中,微信成为了引领合肥美食的宝典,在这个过程中,乐城超市被推上了表演舞台;在王娟的手中,微信成了消费者的管家、陪聊,让消费者开始依赖大悦城;在银泰手中,微信又成了一本时尚杂志,从T台快讯到应季搭配,使消费者主动在银泰百货、银泰网中去寻找时尚、消费时尚。

然而,事实上,众多的实体零售还没有搞清楚微信营销到底该如何做。

在武汉中商平价超市的微信上,整个9月只有4条信息,且全部为促销信息;北京物美超市更是只有可怜的3条促销信息。

对此,北京华夏嘉文化传播有限公司CEO方建华指出,微信营运的目的是维护顾客关系,用99%的时间培养顾客的信任感。不要老想着促销,一月拿出29天的时间培养顾客,1天的时间促销可能更有效。所以,请暂时忘记销售。

而资深新媒体营销顾问王大恩也明确指出,微信是追求体验性的服务型营销工具,只有消费者体验感觉好了,才会爱不释手。因此,微信营销要做的就是给用户带去极佳的体验,让用户感觉放心、舒心。同时,如果消费者不喜欢,可以立即取消关注。消费者有自主选择的权利。

这也解释了乐城超市刚刚上线微信时,粉丝数上不去或忽然减少的原因。

而作为立足合肥的乐城,其更多的是着眼本地化。李奇认为,既然是实体零售,肯定有商圈和固定消费群,让其他市的居民来乐城消费肯定也现实,因此,结合合肥本土特点才能抓住目标消费者。于是,"合肥大妈买菜攻略"、"合肥面馆排行榜"纷纷出炉。

此外,方建华还指出,微信重视互动,因为它不像微博,可以吸引大量的粉丝转发和评论,只有通过与顾客的沟通来取得顾客的信任。

# 5.借力微信公众平台，引领"微营销"潮流

微信公众平台凭借其精准的客户针对性和较高的客户忠诚度，成为目前比较火的企业微信营销方式。那么，企业应该如何开展微信公众平台运营工作呢？具体的微信公众平台运营策略又有哪些呢？

**如何利用微信公众平台做营销？**

相比微博，微信有更强的黏性和沟通感觉，是一个私密纽带。那么，如何利用微信公众平台做微信营销呢？

目前，关注同一公众号（品牌）的用户之间并没有（社交）交集，人们关注它，可能只是为了更直接地获得有用、有趣的信息；而对于公众账号，这个过程则是了解和接触特定目标群体的直接、便利的途径。微信最大的特点就是可以直接对话，目前，这种新的营销方式正渐渐备受关注。

（1）内容为王，发展优质内容。

微信的公众平台曾被命名为"官号平台"和"媒体平台"，最终定位为"公众平台"，无疑让我们看到了微信对后续更大的期望。和新浪微博早期从明星战略着手不同，微信此时已经有了亿级用户。挖掘自己用户的价值，为这个新的平台增加更优质的内容，创造更好的黏性，形成一个不一样的生态，想必是平台发展初期更重要的方向。

（2）对平台的培育。

登录微信平台，我们看到平台的公众认证账号主要有3个分类：阅读、媒体和明星。有趣的是，这种次序也体现了和平台命名相同的内涵。微信公众平台把"订阅",也就是内容类的品牌放到了第一位。这并非无意之举——这种细节透露出了微信公众平台的"公众"取向的核心定位。

目前的微信公众号有两类:"认证账号"和普通的"公众账号"。任何人都可以注册微信公众号,但是要申请认证,则至少需要1000人关注。这种对品牌的认证可以更好地在前期控制公众号的质量内容。在一个海量的开放平台,这种示范和培育对平台的发展无疑也是相当必要的。

(3)品牌的传播。

平台登录页面最底部的"我的品牌,上亿人看见",充分展示了微信对这个品牌平台的自信。

这里值得注意的是,微信可以借助个人关注页和朋友圈,实现品牌的病毒式传播。每一个人的个人信息页,都会出现所关注的品牌logo。你的朋友在关注你的时候,也可以知道你的偏好和关注。当然,你也可以选择是否展示品牌。

(4)去中心化的平台级创新。

虽然在终端的呈现上,微信是一个交流的工具,但实质上,微信通过这个公众平台提供的,是一个去中心化的平台。人们会更喜欢双向的沟通和交流。在这个平台上,任何人都可以发布信息,都可以有自己的族群。你所需要的是自己的独特价值。这甚至和商业模式无关,因为无论媒体、商家、个体,无论大小品牌,都可以在同样的平台上伸展。

(5)利用微信公众平台营销,你需要知道的几点:

第一,利用二维码的发布与订阅方式。

微信最重要的发布和订阅方式,是通过发布公众号的二维码,让微信用户随手扫描订阅。任何微信公众账号用户,都可以在设置中找到一个二维码,品牌ID会放到二维码的中部。

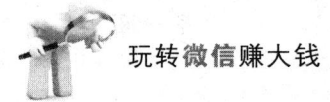

第二,精准消息推送。

微信公众账号可以通过后台的用户分组和地域控制,实现精准的消息推送。

第三,富媒体的内容推送。

微信的普通公众账号,可以群发文字、图片、语音3个类别的内容;而认证的账号有更高的权限,能推送更漂亮的图文信息。

第四,个人关系与公众关系的区分优化。

在推送的打扰方面,用户订阅增加可能也会增加这方面的困扰,不过,如今的微信版本,推送已经全部取消了声音提醒,以便把私人信息和内容消息区分。而最重要的,恐怕还是内容和品牌的选择问题——人们会喜欢少量而精致的资讯,而且随时可以离开。

(6)微信公众账号营销的基础注意事项。

第一,内容是做服务的。

对于微信营销而言,内容是做服务的。如何把内容做到大家喜欢,如何维持粉丝不让粉丝流失,如何实现自然增加粉丝,全靠内容的运营。而内容不单单是文字,图片、语音、视频等都可以是内容的组成部分。

第二,微信主题的确立。

首先,我们需要确立微信主题,这是企业微信营销的根本所在,也是体现与同行的差异的关键点。对于企业而言,一定要摆脱微博营销的影响,不要直接用企业的名称作为微信号,要在内容和功能上进行品牌化的传播,因为微信营销的宗旨就是让企业的目标人群依赖于己。

当然,企业进行微信营销的时候会维护一些"辅助"的微信号,这些号的作用除了经营粉丝外,更加重要的是传播企业的品牌。

第三,微信是企业的天下。

微信公众平台上曾经有很多和微博时期一样的草根大号,他们都是以内容为王的,但是这些号已经纷纷被封掉了。而随着微信公众平台端口的不断开放,企业应该已经很明白了,微信就是为企业服务的。

第四,微信营销不是单一的推广工具。

微信营销要全面推广,但其不是单一的推广工具,而是一个综合性极强的营销利器。企业在推广自己的微信公众账号时,要做到全面推广,要针对自己的目标人群、精准人群。

(5)嵌入式的营销客服方式和普通账号配合。

微信营销的嵌入式,是指企业在进行微信营销的时候,在内容和功能端口上进行设置,使得粉丝在进行自主互动之时企业已经完成对其的营销。举一个例子,在某医院的微信公众账号上,有相关自定义回复的内容,如粉丝输入"2"就可以查看有关肝炎的内容。这样,当粉丝在后台输入"2"的时候,医院就已经知道了这个粉丝的需求点,从而可以和该粉丝针对需求点进行客服互动。

如果粉丝直接输入相关文字、语音等内容,那么需求点就更加明显了。这里很重要的一点是,企业在进行网络营销的时候都习惯于以获得咨询人的需求和联系方式为目的,而在微信营销上,企业是先获得联系方式和需求点再咨询。这点非常重要,很多企业都没有意识到。

# 6.微信潜在的广告价值和盈利模式

2012年8月,微信公众平台上线,企业可以通过认证账户发布产品及服务信息。于是,众多商家纷纷进驻微信平台,也相继推出二维码

"扫一扫"活动,微信成为了继微博之后的另一网络广告阵地。微信广告作为最基础和最广泛的盈利模式,挖掘其潜在的广告价值具有重要意义。

**从微信自身价值视角看微信的广告价值**

(1)自主化、平等化的传播理念。

随着微博的兴盛及微信的兴起,人人为王的自媒体时代特点越发显著,微信的微传播模式使得微信交流呈现出自主化、平等化的传播特征,为微信用户提供了能够释放个人自由的活动空间和独立平台。这种自主平等的传播理念也是受众介入论(社会参与论)的重要体现。微信获得推崇的一大原因,也在于受众能够根据自身意愿表达自己的观念,强化了受众的话语权和自主权,这种全民DIY的信息制作及传播特点为广告创意传播提供了平台。

(2)即时性、便捷化的传播速度。

微信的交流基于手机通讯录和QQ好友,这种朋友圈的功能使得沟通变得更加自主和直接,这种传播的"微动作"为受众提供了更加便捷的服务。在商品同质及广告竞争白热化的情况下,广告发布的时间成为占领目标群体的重要影响因素,这就意味着广告传播本身也需要即时性,微信迅捷的传播为广告的快速发布创造了有利条件。

(3)碎片化、个性化的传播内容。

微信用户可以利用任何"碎片"时间传播"碎片"内容。同时,微信基于QQ和手机通讯录将用户的社会关系加固于手机上,实现了虚拟与现实的"无缝对接"。微信除了即时推送短信的功能外,其传播的内容也呈现出了多媒体的特征。微信广告可以依托微信内容的碎片化特征,实现广告点面结合、长续推广的目标;同时,这种个性化、多样化的内容传播形式可为广告制作及发布提供更多的创意点及影响力。

(4)交互式、精准性的传播模式。

与微博的开放式关注不同,微信的关注必须经过双方确认,同时,它以QQ用户和手机通讯录为基础,这是对微信"强关系"的进一步明确。强关系指的是个人的社会网络同质性较强,如交往的人群从事的工作、掌握的信息都是趋同的,人与人的关系紧密,有很强的情感因素维系着人际关系。这些存在强关系的小群体可演化为无数个细分市场,具有巨大的广告开发潜力。同时,朋友圈成员间信任的传递,有助于受众对接触到的广告信息信任感的增强,为广告的后续传播提供了可行性。每个企业的目标客户都有大体的行动区域,微信"附近的人"这一功能可以在目标区域进行全面搜索查找,实现广告信息的精准投放,从而直接促成消费。这一点,现在任何一种媒体都无法做到。

**从微信用户视角看微信的广告价值**

(1)微信用户规模及用户特征奠定了广告目标群体基础。

2011年1月21日,腾讯推出微信,历时433天,用户量突破1亿;2013年1月15日,微信注册用户已达到3亿。这种爆发性的增长态势出现的主要原因,在于微信能够满足用户表达自我的需求。这完全迎合了受众的媒体使用与满足原理,该理论又叫"满足需要论",认为受众面对大众传播并非被动地接受各种信息,而是主动选择自己所偏爱和需要的媒介内容,而且不同的受众还可通过同个媒介信息来满足不同的需要,并达到不同的目的。简言之,就是人使用媒介以满足自己的需要为前提。微信不仅可以满足用户对信息的需求,同时又能维护用户的朋友圈或社交网络,其即时便捷的特性也符合现代化的快节奏生活。这种相对稳定的用户群体和不断壮大的用户数量,为微信广告奠定了广泛的受众基础,也成为微信广告的立足之本。

中国互联网调查社区《关于网民使用微信的调查》显示,微信的主要用户群为企业/公司工作人员、党政机关事业单位员工及学生群体,占65%左右;中国速动(Avanti)消费者调查机构针对中国微信用户的调查报

告显示,29岁以下的群体使用微信比例突破了50%。

可见,微信使用主体大多是工作较为稳定的人群,以年轻者居多。这部分群体更易接受新鲜事物,思想也相对活跃,具有较强的沟通能力及社会参与能力。同时,移动介质的经济门槛及网络应用的技术门槛对于他们来说相对较低。此外,这些群体收入相对稳定,具备一定的消费能力,往往也是企业现实与潜在消费群体的主力。

(2)微信用户黏度的增强有助于品牌忠诚度的形成。

据艾瑞咨询分析统计,2012年中国移动网民规模为4.2亿,在整体网民中占比74.5%;2012年中国智能手机保有量达到3.6亿,增速为80%,智能手机得到了进一步普及。手机网络给用户带来的非现实的满足,导致了对手机及网络存在客观依赖的人群逐步壮大。

中国速动(Avanti)消费者调查机构针对中国微信用户的调查报告显示,微信的黏着度颇高,超过4成用户"有空就会上微信",若再加上"有消息了就会上微信"的比例,整体已达66.8%。用户黏度是指增加用户双方彼此的使用数量,是衡量用户忠诚度的重要指标。微信即时便捷的移动社交特点、多媒体化特征及地理定位、二维码扫描等功能,丰富了社交的内容和形式,使用户黏性不断加大,"在线"成为了一种时尚。与微博不同,微信的朋友圈更加核心,有助于增强微信用户黏度。微信用户对微信的高使用频率及不断增强的用户黏度,有助于建立和形成相对稳定的品牌忠诚度,相对于传统媒体具备更高的广告价值。

**从广告主视角看微信的广告价值**

微信公众平台允许商家通过账户认证,进行产品和服务的推广,它是腾讯公司在微信的基础上新增的功能模块,广告主可以通过微信的公众号,实现和目标群体的全方位互动,微信由此成为推广公司和品牌的有效渠道。企业微信的最大价值在于构建与用户沟通的渠道和平台,展示企业产品和服务,促进企业文化的传播和品牌的塑造,同时,还可通过公

众平台开展丰富多彩的公关活动。这种低成本、高效率的传播方式,能够有效增强企业、产品的亲和力和用户黏度,有助于受众品牌忠诚度的形成与维护。

随着微信的迅猛发展,微信广告开始崭露头角,但目前对微信盈利模式的开发仍处在探索之中,其能否创造出巨大的价值还有待进一步关注和讨论,也需要更多的品牌实践来不断创造新的可能。

# 第二章

# 微信"淘金热"

## ——你赚钱的方式,远比你想象的要多

微信带给我们的是一种崭新的商业模式——凡是努力去抓住机会的人,都是还有机会的人;凡是对机会视而不见的人,都会被机会抛弃。

# 1.微信上的八大创业机会——总有一个适合你

腾讯公司董事长马化腾表示:"最近在手机上有一些好的应用,打车、微信卖书、网络小说、自媒体等,微信成为了从平台连接内容制造者和终端用户的桥梁,这些都是微信之前没有想到过的商业模式,是由用户自己创造出来的。因此,微信的商业模式会交给合作伙伴和个人。"这一消息,无疑让那些创业者更有信心了。

从刚开始对"微信上创业"的质疑声,到现在满大街的微信公众账号,甚至是专投微信创业的VC(风险投资)的出现,不过短短数月时间,微信热一如当年的淘金热。

下面,我们为大家罗列了微信上创业的8大机会,总有一个是适合你的。

**(1)为微信提供个性化增值产品。**

这个创业机会来自于微信点开之后会有别的按钮。

微信本身不以插件形式存在的功能有:

1)放在主界面下方正中间的四个按钮,分别是微信、通讯录、朋友圈、设置。

2)主界面右上角有一个魔法棒的图标。

不过,微信只会努力把这些按钮打磨得越来越精细,体验越来越好。随着微信市场的不断扩大,点开这些按钮后,会有更多细分的按钮,这些会是不低于一亿美元的业务。如果顺着按钮继续点击下去,还会有很多个千万美元级别的按钮交由创业者们完成。

那么,这些按钮将会以什么形式让创业者参与进来呢?可能性比较大的方式也许会是供应商采购,少部分会是外包。

创业机会参考模板、表情、皮肤、数据分析、插件、搞笑表情、微信皮肤、动态头像、变声、视频编辑、地理位置伪装等。

**案例**

表情大全

当你在使用微信自带的表情与他人聊天时,有没有想过把早已枯燥无味的微信表情替换掉呢?这里为大家推荐一款iPhone手机上的表情大全应用,让它那动态的表情帮助你更好地表达情感。表情大全并没有复杂的操作过程,用户在打开该应用后,即可浏览到它带来的"最近"、"蛋蛋"、"证书"、"细哥"等表情分类,同时,还可通过应用在导航条最右侧的"更多"功能继续添加更多的微信表情。

热门短信

热门短信是一款收集了时下最热门短信的手机客户端,该应用保持每日更新最新内容,以便用户随时浏览新鲜短信内容。同时,该软件还支持"微信"分享功能,用户可以把好玩的短信一键分享给他人。热门短信提供了"最新"、"排行"、"分类"、"收藏"等功能,通过该应用的"最新"功能,用户可查看到由热门短信收集的有趣短信,并且,软件还提供了"短信"、"群发"、"微信"、"微博"4种分享途径,用户可以直接把有趣的短信分享至微信平台或其他平台上。

萌图

萌图是一款可以让生活多点爱的手机应用。通过该应用,用户可浏览到不同的可爱萌图,其中以猫咪、狗等动物为主,并且,该应用还提供了"微信"分享功能,用户可一键分享给微信好友。打开萌图,用户即可浏览到萌图应用带来的最新萌图,单击喜欢的萌图,便可切换至大图浏览界面。在此,用户可通过单击图片呼唤出分享功能,把图片一键分享至微信。

微信变声器

微信变声器是一款集变声、录音和音效播放于一身的搞怪变声应用,可以给你的语音交流应用(如微信、QQ等)发送变声音频(男声变女声、男声变萝莉、女声变男声、男生变大叔等),并增强了语音播放效果,同时还支持保存变声下次发送,支持通过邮件发送。它操作简单,功能强大,还可以自定义音效,完全满足你DIY的需要。

伪装微信地理位置

伪装微信地理位置可以修改你的微信所在的地理位置,你可以在地图上将任何地方设置为你的微信所在位置,使微信搭讪周围的人不再受自己当前所在区域的限制。

**(2)应用开放平台。**

这个创业机会来自于以公众账号为通行证的应用开放平台。

成为公众账号的粉丝后,用户能阅读多媒体内容,查询有价值信息,购买感兴趣的商品,参与数字娱乐和体验便捷的本地化服务等。其中,类似移动梦网模式的"内容出版与发行"适合被媒体用于用户订阅阅读,被广告、公关和营销公司用于推广宣传,适合企业为忠实用户提供最新公告信息,等等。可以参考腾讯科技、冷笑话、donglivc等公众账号。类似传统的呼叫中心、CRM、OA等系统可以对接、移植和扩展到微信平台上,甚至能通过各种接口延伸到硬件层面,实现物联网的诸多应用。可以参考如卡小二、印美图和招商银行信用卡等公众账号。

这里的项目之多、品类之广可以无限想象。受制于淘宝和百度的各行各业的创业者,都能够参与微信生态链的建设并从中受益。

创业机会可参考微信路况、美肤汇、微团购、阿狸、微信外卖、订酒店等公众账号。

**案例**

微信路况:不走寻常路

目前基于路况的产品越来越多,针对市内交通的就有路况电台、导航犬及"哪儿堵"等产品。面对这么多的对手,要如何突破呢?也许基于微信是一个不错的突破点。无需先有App,只要先在微信里进行推广和抢夺用户,如果反响不错,再基于已有的微信用户推出App应用,相信会有不少忠实用户下载。也可以在已有的微信粉丝里推送App下载。

订酒店:微信订酒店

所谓的微信订酒店,是指用户通过关注某微信公众账号,然后进入其资料页面,在微信内部完成酒店的预订。

比如"订酒店"这个账号。当用户在微信中把自己当前的地理位置发送给"订酒店"(微信可以直接发送地图信息)之后,"订酒店"会回复一条信息,告诉用户附近有哪些酒店可以预订,并提供订房的费用和电话号码。

外卖网络:微信里吃的商机

对于上班族而言,最痛苦的事莫过于想叫外卖却找不到外卖单。而通过微信里的外卖网络,只要向它发送你的位置即可获得周边一公里的外卖单,每次显示大概15家左右的商家信息,包括商家编号、名称、距离。这个时候,只需回复商家编号,系统就会自动发回商家的联系电话和所有菜品信息,接着只要电话订餐即可。

**(3)数据开放平台——微信游戏。**

所谓数据开放平台,是指微信将把数据、数据关系和数据运算等,在确保安全、稳定、快速的前提下,开放给创业者。

数据开放平台不会是任何创业者都能参与的机会,它对产品的品质以及利用数据做推广时的用户体验有相当苛刻的要求,而且平台越成功,要求就越严格。

游戏会作为种子和试点,率先接入开放平台。微信上有一款HTML 5小游戏"青蛙跳跳跳",虽然很简单,但是玩的人很多。游戏页面上有一个App应用推荐和公众平台推荐入口,这个算是微信游戏应用的起步,相信将来微信的账号授权机制出台后,会有更多优秀的HTML 5游戏出现。除此之外,还可以帮第三方去做一些开发,做一些垂直行业的平台。原来的一些传统产业,或者是一些其他的互联网公司,也可以通过微信将原来的东西简化。现在已经有很多人在帮第三方开发一些简单程序。

一旦游戏接入立稳,微信就能在让99%的用户享受最爽免费服务的同时,循序渐进地接纳新的创业合作者,逐步完善商业生态体系。

**案例**

**HTML 5游戏破冰微信平台**

专注于HTML 5游戏开发的创业团队磊友科技是从2012年底开始关注微信平台的。在其团队创始人赵霏看来,微信具有手机网页游戏的入口价值,于是,他们在2013年初开始试水。

其公众号"手机网页游戏"(账号:duopaogame)推出仅一月,便已积累超5000用户,日均PV(页面浏览量)在4000左右,日活跃用户1500人,这其中有行业内的资深人士,也有草根的微信用户,有圈内的技术产品"大牛",也有还在象牙塔中的学生。据赵霏介绍,这些用户都是通过社交化推广和口碑传播的方式自然增长的,没有花费一分钱推广。

从后台数据来看,男女用户比例为7:3,男性玩家偏重于角色扮演和动作类游戏,女性玩家偏重于休闲和养成类游戏,但也有不少男性第一次进入平台后会直接打开"女孩专题"。在年龄分布上,20~29岁玩家占46%,30~39岁玩家占49%,他们是玩游戏的主力队伍。其中,广东和北京的玩家数量最多,玩家的收入整体较高,活跃时间主要集中在中午12点至15点,晚上21点半至24点。

### 斑狸互动游戏

这个号称"全宇宙首款微信RPG(角色扮演游戏)"的公众账号将自己变成了一个微信游戏,用户通过回复不同的章节进入不同的游戏环节,如同一个寻宝的旅程,账号会一步步引导你探索新的奇遇。对于有着极强好奇心的用户,如果想消磨一下时间,不妨感受一下"斑狸"带你走进的世界。

### 37wan平台

作为网游领域微信营销的先行者,37wan平台此前就率先在微信上针对《龙将2》和《秦美人》两款游戏开启了新型的互动营销。玩家只要成为37wan官方微信账号的好友,即可通过微信向官方索要游戏的新手礼包。区别于微博上各种需要等待结果的抽奖活动,玩家可在微信上直接领取相应的礼包激活码,并马上进入游戏体验。

### RPG游戏"命运之塔"

这是改编自App Store上一款名为《命运之塔》的RPG游戏,英雄老爹独闯命运之塔,到第9层塔顶营救心爱女儿。可以打怪升级,到酒吧喝酒,吃鸡腿补血。游戏提供了RPG所有的元素:营地、酒馆、技能升级、装备升级等。

### (4)App体验版及流量入口。

这个创业机会来自于手机App体验平台的便利性。

微信可以成为很多手机App的体验平台,进而成为下载入口。有一些本身就是自己做App的人,通过微信来做一个导流量的入口。以前微博起来的时候,很多应用通过微博获取到了很多免费的流量,微信也有这个功能,但是玩法不一样。原来在微博上可能是通过营销,而到微信上,比如创业者做的是一个工具,现在可以让用户扫二维码关注微信账号,在微信里体验产品部分功能,然后就可以去引导用户下载。

比如很火的"微信路况",用户体验好了可以直接点击下载。当然,你也可以直接做个App推荐的公众账号,花点心思隔三差五地推荐点好应用,相信会获得不错的收益。

**案例**

**嘀嘀打车:打的好帮手**

"嘀嘀打车"是一个帮助乘客打车,帮助出租车司机接单的微信公众账号,覆盖iOS、Android两大智能手机平台。

依靠地推和口碑传播,"嘀嘀打车"在3个月内积累了5000多个出租车客户,保证用户在市区、非交通高峰期,且目的地较远的情况下,1分半钟内在"嘀嘀打车"上打到车。以2012年12月为例,交通高峰时段,"嘀嘀打车"成单率达50%,非交通高峰时段成单率达80%,单日平均成单率约为70%。

**微打车:打车小秘**

"一键关注,一次性输入手机号码验证,一键我要打车,输入目的地即可完成一次预定。"这就是微打车(打车小秘)的使用流程描述。打车小秘是国内领先移动电商易到用车旗下产品,是国内第一款在微信平台上线的微信打车工具,也是国内第一款真正实现用微信享受打车服务的产品。用户通过该平台叫车,不需要下载软件,省时间省流量。并且,通过这个账号打车只需要4步:首先在微信上搜索这个账号并关注,然后激活自己的手机号,再输入自己的地址和目的地,接下来就是等待出租车司机接单。该平台会自动定位乘客所在的位置,并显示附近的出租车数量。另外,乘客在叫车时也可以选择加价,有5元、10元和20元3个等级。在平台上,还有给乘客的几种打车秘笈,比如写明地址、加价等。

**打的宝拼车:互动提交拼车信息**

"打的宝拼车"官方微信于2013年4月3日上线,上线不到1个月的时间,关注用户即迅速超过5000名,每日互动信息近2000条。截至5月3日,关注用户已突破2万。"打的宝拼车"目前提供长途拼车、上下班拼车、呼叫出租等综合出行信息服务。他们结合微信既有的开发支持尽可能优化结构、完善服务,在服务流程和互动方式的许多细节上都进行了深入的思考和探索。比如,采取多环节的简单问答而不是少环节的复杂问答,因为"打的宝拼车"团队发现用户不喜欢一次输入复杂信息,而更适应一次输入最简单信息,哪怕增加问答环节。他们还强化了后台功能,帮助用户更成功地拼车。

**摇摇招车:摇一摇手机,就有车过来接你**

2012年3月23日,"摇摇招车"登陆苹果应用商店。上线一周后,风投们以每天两至三家的频率纷至沓来探访,先后来了20多家,IDG、红杉等知名机构亦纷纷抛来橄榄枝。3周后,会员数量突破5000。"摇摇招车"创始人、北京聚核众信信息技术有限公司CEO王炜建很是意外:"我自认为设计很酷,但是没想到这么多人会这么喜欢它。"当时"摇摇招车"系统下运营的车辆不足50台,这意味着,每100名用户,才能共享一部车。"其实用的人和车越多,匹配成交率就会越高。"王炜建说,"当我只有100辆车、100个用户的时候,成交率为20%~30%;若用户达到1万个,成交率就可能达到60%~70%。"

**(5)品牌商家账号代运营及营销解决方案。**

这个创业机会来自于企业想尝试新的营销方式。

据一位微信营销专家介绍,之前他帮助某国际汽车品牌做的运营案子费用在百万级,以微信为主、微博为辅,两个月时间,该品牌官微粉丝涨了十几万,从微信获得潜在客户资料1万人左右(包括姓名、电话、意向车型、预算等),客户非常满意。2013年,这家公司拿到的年单光汽车行业就超过了千万。目前,微信公众平台已经有不少粉丝过百万的独立账号、粉丝过千万的账号集群,这些账号的粉丝基本上是依靠以前在微博上积累的用户转化过来的。这些账号的推广力度非常可观,而且也因为在以前微博运营中积累的经验和客户,到微信上依然可以爆发新的增长点。

**案例**

小微客:微信导航

小微客是中国第一家以微信为主题的导航媒体,2012年8月创立,是致力于微信公众号发布、微信二维码、微信交友等功能为一体的微信媒体社区。用户可通过小微客分享自己的微信号和微信二维码,获得更多的用户关注,同时在这里能找到自己喜爱的品牌、明星、阅读。现在,众多网友在这里自由地交流微信号,相互分享,相互帮助,发现各种有趣的微信号。小微客微信导航可以让众多微信品牌、明星、草根更好地宣传自己的微信公众号。

微信营销的优点在于:用户基数大(微信已超过3亿用户);强制推送,到达率高;可以结合私密社交和移动终端特性;可针对用户特点精准推送;呈现方式更多样(微信支持语音、视频和混合文本编辑)。但缺点也很明显:强制推送影响用户体验,退粉风险高;私密平台,涨粉困难;相比明星账号,草根账号运作难度高。因此,微信营销对实用内容的要求更高,对用户定位要求更精准。而建立一个为广告主匹配公众账号的智能系统,并从中抽取10%~20%的服务费,这是一个非常聪明的举动。此外,在吸引到更多普通用户来小微客寻找需要的微信账号之后,可以向公众账号收取推荐展示费。这两种方式,将是小微客的主要盈利来源,虽然现在仍是免费服务。

微库:微信互动管理平台

来自上海的创业团队传驰网络"微库"将目光瞄准了满大街的公众账号,推出了一款基于微信的互动营销管理平台。通过微信API(应用程序接口)扩展更多个性化营销功能,让微信营销变得更多元化,内容互动、

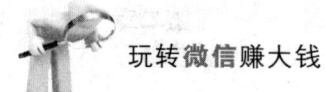

创意活动、智能互动、LBS反馈、数据统计,为商家提供更好的基于微信的互动营销服务。微库实现的就是提供一个比微信官方管理后台更加强大和易用的微信互动管理平台。通过"微库"的互动管理平台,多数不懂编程开发的普通用户也能够玩转微信公众账号,让他们通过简单的配置,即可拥有强大的功能。

微库本身包含的七大模块(LBS模块、活动模块、互动模块、产品模块、视频模块、音乐模块、公共库模块)构成了其强大的互动功能,使微信营销手段个性化,并且在考核上也更规范化。这一新兴微信管理工具的诞生,不但解决了微信互动管理上的难题,还给企业主和品牌用户提供了更加直观、量化的数据。通过微库管理平台可以更好地管理微信公众平台,更深层次地和品牌受众进行沟通。

除此之外,微信公众平台上只能统计5天的信息,"微库"可以统计最近30天的数据,并且还可以自由设置时间段进行查看。而且"微库"还可以统计到每个关键词推送了多少次,分析出产品关键词走势。目前,已经有超过300个公众账号在使用"微库"的管理后台,当中不乏像深井大叔、兴业投资、四川创维电视、依云矿泉水云南、《河北青年报》这样的公众账号。"微库"也会帮助一些公众账号做运营,但他们更希望的是提供一个平台,方便更多的小白用户也能够玩转微信公众平台。至于盈利模式,"微库"团队表示后期将针对企业用户的需求开发更多的功能,有针对性地提供收费服务,不过目前还是以免费为主。

皮皮微信推出自助广告平台

在2012年11月29日以后,由于微信官方屏蔽了微信互推功能,皮皮微信等微信互推平台的价值大打折扣。为了应对这一变化,皮皮微信推出了微信导航功能。同时,它还推出了自助广告功能,微信号在上传了实名资料以后,可以在皮皮微信公众账号页面上安排广告,可以用支付宝进行交易。

皮皮微信此次推出广告平台,可能是基于自身扩张的需要。利用广告平台这一功能,吸引更多的微信大号加入。皮皮微信将来很可能由一个内容运营和互推平台,逐步变成一个广告营销平台。

365微服务:微信定时群发功能首发

365微服务首发的微信定时群发功能,开启了微信公众平台运营的新格局。用户通过365微服务,可以预先设定发送时间,编辑一条微信(包括文字、图片、语音、优惠券和互动游戏),随后365微服务微信定时群发就能准时、自动地帮你将微信发送给关注你的用户。

365微服务微信定时群发功能,实现了在合适的时间合适地推送。就人力来说,大大降低了目前微信公众平台的维护成本;就营销来说,使信息推送计划更合理有序;就效果来说,定时发送可以降低群发带给微信官方服务器的压力,发送延迟的状况也会得以改善。

**(6)微信开放接口代开发或行业解决方案。**

这个创业机会来自客户的需求多元化。

客户的需求很多,关键要看你如何满足客户的需求,并黏住客户。比如,政府部门可以搞个微信办事平台,学校可以搞个微信版家校通,医疗机构可以搞个微信挂号问诊,4S店可以搞个微信预约试驾看车,等等。总之,在微博上做过的基本上都可以到微信上再来一遍,而且因为微信的随身性、LBS、富媒体、实时性等特点,无论是互动效果还是最终结果,都要大大好于微博。拿学校来说,班主任以前用短信平台只能发发文字通知,现在用微信除了发通知外,还可以用图片、声音、视频等来发送班级生活等,更好地让家长了解孩子在学校的情况。

**案例**

印象笔记:让微信变随身笔记本,保质期100年

当微信遇上"印象笔记"之后,会发生什么故事呢?图文消息、文字、图

片、位置，每一刻的精彩都可以随手保存。

2012年9月11日，"印象笔记"开通了官方微信，从此，"印象笔记"全国所有的用户都可以享受专业用户支持团队提供的一对一的服务。你只需要打开微信，关注"印象笔记"微信号，就可以和"印象笔记"的专业用户支持团队一对一地进行交流，让他们来为你答疑解惑。

新年元宵收祝福，微信是否不断响起？文字、图片、视频，各种形式的拜年和祝福接踵而至，幸福来得很简单。周末或者节假日，与家人和朋友在微信中群聊如何精彩度过，各种目的地位置和评论等信息，必须仔细收好。

除此之外，与生活相关的服务都开启了微信公众账号，每日推送震撼新闻、生活实用小百科，保存起来随时待用。所有这些，现在都可以靠"印象笔记"帮你轻松留住，增加温馨记忆，丰富知识体系，随时随地随手查阅。

用户只需关注"印象笔记"的公众账号"myyxbj"，之后系统会自动发来消息，提示将印象笔记和微信进行绑定，授权时间最长为一年。绑定之后，用户就能把微信上的所有聊天记录保存到"印象笔记"上。

腾讯此次开放系统API，将第三方的功能与微信进行更深度的整合。此前，"印象笔记"也有微信公众账号，但仅支持一般的查询功能。"印象笔记"是首个获得微信系统层API接口并且做出配套产品的应用，未来这样的第三方应用还会更多。

除此之外，我们还可以考虑其他几个方向上的创业。

1）招聘网站——微信招聘

因为其与企业HR的服务深度有关，微信互动仅能作为其辅助手段。有深度服务功底和资源的招聘网站，可以从特殊人才招聘领域定向推出。目前看，求职本身做到微信的精准服务没有太大的出路。

2）出行指南——微信出行

这一方向的创业者最有可能由传统的转型而来。这方面难以出现全国性的大品牌,而是在特殊的人群及特色地域空间,能整合服务与传统热线服务的提供商会转型过来,定位相当重要。

3)教育培训——微信教育

教育培训行业具有特殊性,即教育培训有公益传播属性,只要背后有强大的教育培训资源,这方面会产生无数门类、学科、专业的品牌号。你必须够专业、够强大,有后续线下靠谱产品和服务提供,才可以活下来。

4)房源查询——微信房产查询

需求精准,要有全国实体的房源服务机构和能力,以支撑无数个微信公众号的运营;与线下业务结合度高,查询的区域限定使信息更有价值;盈利模式清晰,客户黏度不高,要靠持续的广告和传播来支撑。

**(7)垂直化或区域化的简易搜索。**

这个创业机会来自客户的生活习惯及对便利性的需求。

比如,你现在出差到异地,想了解下当地的风土人情,是下载个XX市App方便,还是关注这个城市的公众账号方便?欧洲杯、世界杯举行的时候,想了解最新比赛进程,是下载个XX欧洲杯App方便,还是关注XX欧洲杯的公众账号方便?想查询某个航班实时动态信息,是去下载非常准的App方便,还是关注非常准的公众账号方便? 对于使用密度不高的信息获取需求,你可以用百度、谷歌搜索,但未来更好的选择是关注一个公众账号。

**案例**

微信加:搭建商家营销服务平台

"微信加"是专门针对微信公众账号提供的辅助管理平台,比起官方的管理后台,特别强化了微信公众号的营销推广功能。"微信加"内置了专为商家定制的"商家营销服务模块",包括优惠券推广模块、幸运大转

盘推广模块、刮刮卡抽奖模块、用户调研模块、微会员卡图片以及我的微官网模块,通过微信对接商家的线下业务。

优惠券模块可为商家定制优惠券,设置活动时间、数量、触发关键词;幸运大转盘模块可为商家提供转盘抽奖服务,商家可设置活动时间,通过预计参加抽奖人数,设置相应奖项和触发关键词;刮刮卡抽奖模块可为商家提供刮刮卡抽奖服务,用户通过手机进行刮奖游戏;用户调研模块可为商家提供用户调研的服务,商家通过设置活动时间、调研的问题、参与调研的奖品,进行用户调研。

此外,用户可以根据自己的需要,修改微会员卡的样式制作界面,设置自己的Logo,同时设置详细的会员特权,如成为会员可享受某样商品的半价,或者升级成什么样的套餐,并设定好触发的关键词。用户还可以根据自己的需要选择微官网的模板,然后根据模板提供的界面,选择二级菜单的设置,比如"产品"、"企业文化"、"联系我们"等,配置相应的图片和文字说明,打造一个迷你的官方网站。

目前有近3000个公众账户接入了"微信加"的后台。"微信加"可以免费试用一段时间,但也提供了98元/月的普通套餐,以及298元/月的VIP套餐。比较意外的是,据"微信加"透露,目前用户的额付费率大约在10%左右,服务微信创业已然成为一门好生意。

微信聚

微信聚于2012年8月份创立,是以发布、展示及微信用户订阅为目标,集导航、轻微信、图文管理于一体,是目前最大也最权威的微信公众平台综合性网站。微信聚创始人于运杰表示,微信不光是作为网站的网络营销手段,还是企业级的营销手段,就跟微信的口号一样,"再小的个体,也有自己品牌",它更能推广自己的产品、品牌等。

微信聚还会在网站功能上拓展,通过跟公众账号玩家不断沟通去确定未来网站发展的方向。目前,除了微信公众账号收录功能外,它还推出了微信公众账号搜索、分类、微信图文消息发布平台,后期将逐步推出微信公众账号互推功能、手机端导航、一键关注等相关功能都将会相当实用。

### (8)移动电商平台。

这个创业机会来自电商不断发展的趋势。

微信除了O2O业务以外,在传统电商上也力图有所发展,将来一些淘宝卖家会用微信来做CRM,然后就会想着直接在上面卖货,相信不久之后会有不少企业利用微信平台让卖家直接在微信上开店卖货。

微信电商有很多优势:最直接的就是省却了短信群发费。有营业额过千万的淘宝商家算过,一年光短信群发费,用微信就可以省掉十几二十万。第二,微信的传播虽然不如微博,但信息依旧可能被分享到朋友圈或者群对话。第三是由于强制提醒推送,微信用户对推送商品链接的阅读率、打开率和购买率都比较高。

**案例**

微信卖板鸭

在南京有一位通过微信卖南京板鸭的创业者。他们公司做的事情简单,第一是拉用户,第二是通过电商来变现。

先说拉用户。该公司用了很多办法,比如,建立了很多南京本地的吃喝玩乐用户微信群。为了吸引眼球,他们采取的就是美女策略,直接在陌陌等各类聊天工具上看哪个南京姑娘的粉丝数最多,就把该姑娘挖过来工作。当群建到一定规模以后,就号召粉丝关注其公共账户。由于南京的特产是板鸭,而板鸭是南京人几乎每顿饭必吃的食品(据调查,全中国每年1/3的鸭子都被南京人吃掉了),所以,卖板鸭就成为了该公司的一个自然选择。随着粉丝数的增加,该公司也在增加其他适合南京市民的电商品类。

**云度API微信第三方平台**

它是较早介入微信生态体系的，其运营主要致力于基于微信的移动电商解决方案。商家在该平台注册后，可以实现网站与微信公众平台无缝融合，使用平台内置的功能可以增强微信公众账号与粉丝之间的互动，利用平台的增值模块可以实现商家和微信用户之间的消费互动。例如优惠券、预订功能、淘宝店铺模块可以轻松将淘宝店铺的商品提供给微信粉丝查询，还能通过微信查询商品的真伪。你无须拥有自己的网站或者淘宝店铺，也可以轻松地建立基于本地吃、喝、玩、乐的微信公众平台。

# 2.勇于做"吃螃蟹的第一人"——微信创业潜在商机逐一点拨

鲁迅先生有过这样精彩的论述：第一个吃过螃蟹的人肯定也吃过蜘蛛，因为两者外形极为相似，只是他觉得螃蟹的味道可口而蜘蛛的味道不可口，他就教导人们只可以吃螃蟹不可以吃蜘蛛。所以，第一个吃螃蟹的人是勇敢的人。

争当第一个吃螃蟹的创业者，就要敢于去尝试创新，不断摸索，找出适合自己或企业发展的路。

当然，值得注意的是，要争当第一个吃螃蟹的创业者，并不是靠盲目尝试，而要有科学的分析和详细的市场调查作依据。为此，我们结合上述成功案例，为创业者提供下列潜在的微信商机供参考。

### 商机一:借助应用开放平台

微信开放平台是一个庞大的系统,它可以接纳各种应用和数据,用户之间可以简单地操作,实现互相推荐和传送。微信开放平台正式向外界开放AppID注册后,迅速吸引了众多开发者。在不到两周的时间内,微信开放平台上注册的第三方开发者账号就超过了1万个,提交审核应用上百个,其中包括优酷、街旁、蘑菇街、金山电池医生、TalkBox、Camera360、搜狗输入板等知名应用。

"海量用户打底+高端用户定位+关系链二度挖掘",微信的强社交属性让第三方开发者看到了借助微信迅速崛起于移动互联网的机会。而微信则借助众多第三方开发者的内容,向更为强大的移动社交平台挺进。

### 商机二:App体验版及流量入口——"打车软件"将流行

每个人都有打车的经历,有时打车等半天也等不到一辆空车,遇上要赶时间上班或者有紧急事打车,那心里就更急了。打车难已经成为大都市困扰市民出行的一大难题,有钱花不出、等车排成队的现象已成为常态。是城市出租汽车数量太少吗?也不是,一边是打不到车的,另一边叫苦的却是拉不到客的出租司机,而油价上涨等造成的空驶成本也越来越高。这种不对称的现状让乘客和司机两头难。

随着智能手机的普及和微信的问世,微信打车、微信疏导交通这些新事物也应运而生。据悉,北京、上海等城市一些出租车司机相继自发成立了微信群,需要乘车的乘客利用微信便可预约打车。目前,"微信导路"的措施已经初见成效,并在全国各大城市得以迅速推广。"微信打车"这种既新潮又方便的服务也成为了时尚一族的热门话题。

微信不仅能让司机发展自己的客源,还能与好友共享客源,相比打车App,微信的优势或许更加明显。时髦的O2O概念下,有很多优秀的打车类应用开发商开始崛起,北京有摇摇招车、嘀嘀打车,杭州有快的打车等。开发者的名单还会更长,风投也在一批批进场。一个庞大的新市场看

起来正在形成——出租车司机开始提高收入，空驶率在下降，乘客打车更加方便。在各方需求都能满足的情况下，就差盈利模式了。

无论从用户角度、公益角度还是商业角度，打车应用都在做着一件无比正确的事情，而这件正确的事情能否成为一个好生意呢？

2012年3月，中国市场上诞生了第一款打车应用——摇摇招车，直至2013年3月，中国市场的打车应用已然不下20款，像摇摇招车和嘀嘀打车两款App，装机用户都已经达到了30万以上。至此，在衣、食、住之后，移动终端终于对接上了人们日常的出行。打车应用究竟解决了并可以解决哪些需求？这种O2O服务的前途在哪里？

用户用语音或者文字(输入目的地)发出打车邀约，之后被告知已经接到此邀约的司机数量，并在倒计时中等待司机接单。如果无司机接单，系统会提示你是否愿意加价打车。收到接单司机车辆信息，接到司机电话之后上车。下车时输入交易代码完成此次交易并(可以选择)对司机进行点评——这些，便是一系列打车App的基本使用流程。

从这个流程上看，毫无疑问，打车App所解决的第一个问题便是行运司机与打车者之间的信息不对称。这个不对称的解决体现在两个方面：一方面，非高峰时期的出租车空载，以及在交接班或者回家途中的空载，一直是出租车司机的心病。而借助打车App，出租车司机可以找到价值最大化的途径；另一方面，对打车者来说，打车过程由路边拦车升级为"等待外卖式接客"，并且增加了以往的呼叫台提供不了的智能手机操作体验(在之前呼叫台只能提供第二天的约车服务)，这不得不说是一种优势明显的打车体验。

不难看出，打车App对于打车者、司机和出租车承运公司三方，都提供了可观的价值，大大提高了社会资源配置效率。作为崭新的移动互联势力，它并不是传统行业的搅局者，而是增值服务者。

对于打车应用的创业团队来说，巨头的进入、更有资源和资金优势的竞争对手的参与是迟早的事情,尽管无论从用户角度、公益角度还是商业角度,打车应用都在做着一件正确的事情,但正是因为这个方向太过正确,对于创业者来说反而未必是好事。过度的竞争将会拉低行业的整体利润水平,用户体验的竞争乃至先发优势最终都可能让位于资源和资本的整合,甚至将重演当年团购和电商从一片火爆到几经整合的故事。对于打车应用的创业者们来说,挑战才刚刚开始。

**商机三:各种微信插件的神奇所在**

插件是微信的特色功能之一,通过安装不同的插件,我们可以给微信添加各种丰富的附加功能,使我们可以打造属于自己的个性化微信。需要说明的是,安装插件并不需要单独下载,安装插件后,微信应用的体积也不会改变,可见微信插件与表情包等插件还是不同的。不过,安装和拆卸还是需要有网络连接的。

我们知道,通过安装各式插件,我们可以实现聊天增强、搜寻朋友、新闻阅读、社交娱乐等很多附加功能,让微信跳出聊天软件的局限,拥有更广泛的应用空间。如果你是一名重度微信用户,不妨体验一下各种微信插件的神奇所在;如果你是创业者,不妨看看这些创业机会,

**商机四:微信游戏——重要创业方向**

游戏在这个娱乐年代怎么可能少,微信有了游戏,这个平台也成了它的主要增值空间。《愤怒的小鸟》、《捕鱼达人》、《水果忍者》,一个个耳熟能详的手机游戏让背后企业声名鹊起,也让众多开发者涌入这块VC(风险投资)青睐的热土。其实,早在2012年10月,就有《魔兽》、《星际》登陆微信平台,《永恒之塔》开通官方微信平台;而9月,《水浒Q传2》官方微信启动,提供游戏资讯抢鲜看;《桃园》开放微信,扫二维码送吕布手办。

可以说,微信这一移动社交应用的发展态势,用"忽如一夜春风来,千树万树梨花开"来形容丝毫不为过。在大家都还在怀疑移动互联网社交平台的商业价值和长期增长方式的时候,它已经得到了迅速的普及,并

顺利与网游实现了长期的异业合作。

事实上，微信的下一桶金是游戏已经是不争的事实。微信游戏，就是围绕微信制作一些手机社交类游戏，类似于之前的QQ农场，把相同的社交游戏理念植入微信，或开放微信游戏平台让开发者做一些手机网页的小游戏，这应该也会受到微信用户的青睐，最后再利用游戏变现。微信的游戏平台，会成为游戏开发者的又一座金矿。有人预测，做微信网页小游戏的利润能跟制作一款游戏App相匹敌。现在，大家都很期待微信游戏这个大蛋糕，这或许是微信变现的一个方向。微信只要有30%游戏用户，10%付费率，完成年收入6亿以上没有任何问题。

总之一句话，无论在PC端还是在移动端，游戏都是最好的变现业务。随着移动互联网的成熟，手机游戏对互联网游戏的冲击也开始显现。腾讯游戏副总裁马晓轶认为，未来掌上游戏机市场会被移动终端消灭，电视游戏、PC游戏空间则被大幅度压缩。长远来看，未来游戏市场的排名可能是移动游戏第一，电视游戏第二，PC游戏第三。

**商机五：微信催热微信运营市场**

微信市场的火热崛起似乎让微信运营市场第三方公众账号管理平台的增值服务提供商也如雨后春笋般崛起。伴随着微信的崛起，越来越多的人认识到了微信的商业价值，嗅觉敏感的微博主们正把他们的主要战场转移到微信上。与微博相比，微信的触达能力更强，这也就意味着拥有更为广阔的商业价值。微信公众平台的推出使得微信运营的战场正式拉开帷幕。

如今，不仅是微信主们摩拳擦掌，一些嗅觉敏感的互联网团队也很快嗅到了微信平台上存在的机会。正因为如此，第三方微信运营平台应运而生。随着微信的普及度和关注度越来越高，基于微信平台的第三方应用也越来越多，和当年的微博一样，我们有理由相信基于微信的第三方营销服务可能会是最先发展起来的。当然，和微博上的营销不同，微信的平台更注重互动,再加上微信基于移动端,用户随身携带,和手机号绑定,这样的平台对于商家极具吸引力,所以能够在这样的平台上解决商家的营销痛点会有很大的需求。

面对巨大的商机,越来越多的人进入这个领域,也出现了大大小小许多个微信运营平台。小小的微信页面,会是移动互联网的下一座金矿吗?答案是肯定的。而且,随着HTML 5的推行,团队微信运营应该转移到为企业、客户提供更好的运营工具上来,提供更好的页面,模块化、个性化的服务,乃至以后的广告系统或者广告联盟。

### 商机六:电商服务商掘金微信

2013年4月24日,微信公众平台在聚集了一批电商企业账号后,电商服务商开始瞄准这一领域的代运营市场。据了解,包括追信魔盒、耶客等在内的多家电商服务商已经开始涉足微信运营服务业务。不过,由于微信公众账号的运营还处在初步探索期,所以现阶段的微信服务也还在通过低价来培养客户。

虽然微信公众账号已经能够实现一些基本的后台管理,如用户管理、群发消息、素材管理、关键词搜索、自定义菜单等,但这些功能完全不能满足电商企业管理客户的需要,而微信也不可能针对某一特定行业开发深度应用或者解决方案,这就催生了微信运营产品的出现。除此之外,还有一些依托微信衍生的营销平台和模式出现。在微信开放平台中,出现一些像云度API类运营商,依托微信平台,来推送多终端的市场营销解决方案。

# 3.微信"打飞机"里的创业经,你懂了么?

微信升级到5.0的版本,别的功能好坏暂且不提,但是最成功的改进一定是"飞机大战"的小游戏,没有之一。似乎一夕之间全民都开始忙着"打飞机","今天你排第几"已经成了很多人相互之间的问候。然而,对于如此风靡的游戏,你是不是真的读懂了它的全部意义呢?其中的创业经,你又看懂了多少?

**一路向前是基础**

"打飞机"的过程中,飞机总是只能朝前进,不能往后退;所有目标飞机一旦错过了就错过了,不可能再回头去追。创业的过程其实也是一样的。

三心二意,今天想着这个项目好像还不错,明天又想着那个项目能赚钱,这样的创业者是不可能成功的。认准了一个目标方向就不要再东想西想,好好地把一个项目做到底,创业者想要创业成功,一路向前是最基本的因素,尤其在创业初期,这种坚定的信念和不屈的意志格外重要。

**大客户是机遇也是挑战**

小飞机1000分,中飞机6000分,大飞机30000分,根据打落飞机的大小不同可以得到不同的分数。创业路上,争取到大客户和小客户的收益也大大的不同。

对大部分创业初期的创业者来说,小客户相对容易争取,但是能够获得的收益也有限,所以,获得大客户的青睐是很多创业者的目标。可实际上,大客户是机遇也是挑战。如果可以让客户满意,自然是双方都开心;可是一旦做砸了,失去了大客户不说,还可能让这种坏名声一直跟着你。

所以,创业者在争取大客户的时候一定要衡量清楚得失利弊,掂量掂量自己的能力到底有多少,不要盲目下手。小心一味追求大飞机的高分,反而被大飞机给击落了。

### 生存是第一要义

"打飞机"并不是看你能打多猛,能吃多少降落伞、武器,而是看你能活多久。生存是第一要义,活着才是王道,只有有命活着,才有可能成功。

很多创业者在一开始创业的时候就想着以后要多么多么成功,赚多少多少钱。可事实上,所有最终创业成功的公司都不是在一开始就一蹴而就,甚至很多是经过长期蛰伏,在很多年以后才终成大器的。

走在创业路上,首先得保证创业项目"不死",或许一开始赚钱赚得不多,但是长时间的经验积累、口碑积累,学会规避风险,不为一时之利冒进,懂得进退之道,这样的创业者,怎么可能不成功呢?

### 决策要坚决果断

对于创业者来说,不论干还是不干,决策一定要果断,不能犹犹豫豫地拿不了主意。一个成功的创业者一定是一个有魄力的人,说一是一,绝不拖泥带水,犹犹豫豫的"墙头草"是成不了大事的。

但是要注意的一点是,决策坚决果断和盲目决策绝对不是一个意思。决策果断只是说决定的时候果断坚决,但在决策之前同样还是需要大量的考察和衡量,仍旧是经过深思熟虑,计算清楚得失之后才做的决定,而不是说心里没数地瞎决定。

### 别一心只扑在创业上

最近有新闻说,长时间"打飞机",可能会打出腱鞘炎。这对于创业者的启示在于,不要一心只扑在创业上,忽略了身体健康,也忽略了周

围的人。

创业初期本金不足,资源也不够好,很多创业者为了让创业项目早日走上正轨,一心扑在创业上,完全不闻窗外事。可身体才是革命的本钱,创业是一条漫长的道路,忽略了自己的健康,拖垮了身体,还怎么好好地奋斗?或者说,即使靠着高强度的工作创业成功了,结果换来一身的病,你也无福消受自己打拼出来的事业,这算图的什么呢?

而且,不只是身体,还有周围的亲朋好友,不要因为创业而忽略了这些人,他们对创业者来说是很宝贵的财富,创业遇到挫折时,这些亲友的鼓励可能就是让创业者继续奋斗的支柱。为了创业而忽视这些亲友,你就会渐渐地失去他们,等到再遇到不如意时,你的委屈该与何人说?

# 4.盘点不同领域在微信上创业的好项目

"选择大于努力",这是我们熟知的一句话,对于微信创业来说也是如此。当你的微信开启公众账号功能,那就意味着一种新营销方式的到来。无可厚非的是,对于微信创业,无论是个人还是企业,都在蠢蠢欲动。

我们生活在一个变革的时代,没有人有义务教会我们怎么做,因此,我们必须靠敏锐的触角,及时地作出反应和不断地学习。微信带给我们的是一种崭新的商业模式,我们正处于这种商业模式的变革中,作为商人,你感受到了吗?作为创业者,你感受到了吗?

凡是努力去抓住机会的人,都是还有机会的人;凡是对机会视而不见的人,都会被机会抛弃。

从微信开始开放"自定义接口",允许其他账号接入微信开放平台以来,已有许多商户的微信公众账号进驻其中。他们在微信平台上的公众账号看起来更像一个精简版的App。下面就依照他们所针对的不同领域,择例说明。

**交通类**

作为最早一批接入微信开放平台的企业级公众账号之一,"微信路况"的主创团队来自天使投资人薛蛮子和前8848总裁吕春维共同创立的车托帮。在接入微信平台之前,车托帮的主要产品"车托帮—安驾电子狗"和"帮帮"均以App形式呈现。而在2012年下半年微信开放公众平台之后,车托帮上线"微信路况",将近30个城市的路况查询、违章查询等App中的主要功能移植到微信账号中。据吕春维介绍,"微信路况"上线仅5个多月就已积累近50万用户。

"微信路况"的呈现方式类似于上面提到过的"外卖网络",即向"微信路况"发送自己当前的地理位置,"微信路况"便能向用户提供周围近3公里内的路况信息。或者直接输入某条将要前往的街道的名称,用户也能得到那条街道周围的路况,方便规划出行计划。

交通类微信创业账号中不得不提的还有由一个杭州团队推出的"微信车队"。尽管与上面提到的各种创业账号运作方式有所不同,但"微信车队"从自身的组织、协调、分工到为用户提供服务,都是依托于微信平台完成的。他们还被不少业内人士称为国内开启分布式社会化协作浪潮的先行者。

**创业商机点拨**——国家统计局2012年统计公报显示,在全国12089万辆民用汽车中,私人汽车保有量9309万辆,增长18.3%;民用轿车保有量5989万辆,增长20.7%,其中私人轿车5308万辆,增长22.8%。由此,我们可以看到,微信路况把路况查询、违章查询App中的主要功能移植到微信,

只是个开始。试想,一亿辆车是多么大的市场,无论是汽车养护,还是汽车用品,抑或是汽车服务……如果有关于汽车服务类的好点子,不妨去大胆尝试。

**饮食类:食神摇摇、外卖网络**

食神摇摇是在2012年11月13日正式接入微信自定义接口的。用户可以将自己所在的位置发送给食神摇摇,然后食神摇摇会自动根据用户所在的位置,向其推送三四个餐馆信息。信息大致包括餐馆的名称、人均消费、距离远近和联系电话等组成部分,最后还会附上一个介绍该餐厅详细信息的网址。

还有另一种用法,用户可以通过食神摇摇查询其他地点的餐馆信息,收到那些地点附近的餐馆推荐。比较有创新的地方是,除了按照地理位置选择以外,用户还可以按照菜系来选择。例如,发送"某地+川菜",食神摇摇就会向用户推送该地点附近的川菜馆。和之前推送的信息一样,也保持在三四条,带有基本的信息介绍。

同样瞄准了饮食类服务这一领域的还有上海的一个创业团队,其推出的微信账号"外卖网络"在收到用户的位置信息以后,会将该位置周边一公里内所有外卖详细信息(包括电话、菜品等)推送给用户,堪称"可以随身携带的外卖单"。

**创业商机点拨**——在美食品牌系列中,标准化的产品价格促销体系是这个行业微信应用的前提。无疑,肯德基、麦当劳、星巴克及能实现标准统一价格的中式连锁店,是锁定固定消费群并向其推送优惠电子券和新品信息的最佳渠道。而店面数量和分布情况决定了这个微信公众账号的价值。

**移动电商类**

2012年11月月底,微信平台迎来了第一家与其合作的垂直电商网站——美肤汇。两者的合作采取美肤汇在微信内独立拥有一个定制站点的全新模式。在美肤汇的账号页面,用户可以看到一个其他账号所没有的"美肤汇会员购物专区"。用户在添加了美肤汇的账号后,单击该专区,便会进入一个手机商城。可能是出于让用户快速做决策、缩短购物链条的考虑,这个专门为微信定制的手机商城没有复杂的导购线索,商品数量也不多。用户一旦决定购买某些商品后,只需要填写手机号码(然后会有客服打电话问地址及是否确认购买,避免产生坏单),而无需在线支付,因为商城统一采取货到付款方式。

此外,还有白鸦推出的"逛"。用户向"逛"的账号发送"鞋子"等商品信息,"逛"会自动回复3条图文并茂的鞋子信息给用户,单击可直接进入"逛"的移动版页面。只是比起美肤汇,其并没有独立的定制站点,用户要最终完成购买比较复杂。

**创业商机点拨**——随着租金及其他成本的不断上升,加之不断受到电商的冲击,实体店不得不谋求其他出路。而微信公众平台的出现,无疑让他们看到了希望。因为垂直电商利用微信可以在独营品牌的运营上,采取自有化方式,可以提高网站与品牌联动效率,对市场作出迅速反应,使得价格体系有保障,从而实现更高的利润。另外,电商可以通过微信公众平台准确掌握买家的喜好,然后制定更精确的商业决策,降低风险,提高收益。

**法律服务类**

微法律的主创团队来自国内第一家在线法律服务网站Yesmylaw.com。据CEO马强介绍,微法律是微信平台上第一个法律类公众账号,自2012年10月开始运营以来,已积累超过5万粉丝。除每日推送相关的法律文章之外,在微法律的公众账号背后,每天会有30名专注不同领域的律师分时段轮流值班,日回复用户咨询逾千条。同时,用户也可以从该公众账号里直接下载相关法律文档。值得一提的是,微法律目前也提供与Yesmylaw.com业务相关的VIP服务,并可能成为未来的盈利

方向之一。

与之相比，绿狗网的故事则更富有戏剧性。2012年年底时，该公司召开头脑风暴会商讨App上线事宜，绿狗网独立董事、原赶集网副总裁王振华给出了一个剑走偏锋的建议，暂停成本较高的App开发，转而用微信公众账号来提供法律咨询服务。随后，绿狗网的"随时问律师"公众账号（微信号：suishiwenlvshi）迅速面世，并在3个月内获得了2.6万名粉丝，每天平均增加粉丝300多个，咨询量超过1400次/日。目前，"随时问律师"公众账号设计了"法律产品"、"法律咨询"以及"法律服务"等三个一级菜单栏，并下设多个细分的二级菜单，用户在清晰的菜单指引之下，参与交互的热情大幅提升。"用户的热度超出了我们的想象。与在网上咨询或者线下与律师咨询相比，微信一对一的私密沟通方式让用户不再担心隐私问题。"面对如此良好的势头，绿狗网CEO张馨心又有了一个更为大胆的计划：针对知识产权、交通事故法律咨询、劳动人事法律咨询等不同细分领域，抢先注册约100个微信公众账号，每个公众账号吸引10万名用户，如此绿狗网将可以服务千万量级的用户。

最后，我们再来说下微信账号"法宝问答"。它每天会以图文的形式发送一条与日常生活相关的法律常识，让微信用户每天学习一点，用以规避工作、就业、购房、买车等方面的潜在法律风险。用户回复0~9中的某个数字，便可以查阅婚姻家庭、劳动工伤、民间借贷等不同领域内的趣味案例故事。当用户拥有法律问题时，便可以在微信上直接咨询，而"法宝问答"平台上的签约律师会予以免费解答。

**创业商机点拨**——现代社会是一个快速发展的法治社会，我们的稳定生活必须靠法律来保障。不管是严肃的政治、复杂的市场经济还是民众纠纷，不管是亲情、友情还是爱情，都可能会涉及法律问题。越来越多的人选择通过法律手段解决问题，而我们真正了解的法律知识却相当浅薄，遇到法律问题时往往束手无策，甚至不知道应该咨询哪位律师合适，这时就非常需要一条有效的法律咨询途径。

随着微信这一应用的诞生，各行各业将服务推向了微信，网络的交流成为相当重要的方式，昂贵的法律服务也通过微信这一方式变得简单、高效起来。

### 婚姻类

随着剩男剩女的不断增多，微信也成了他们相亲的重要工具。在相亲会上利用微信的摇一摇、扫一扫等功能，打破了以往相亲会上看相亲会员资料的单调方式，提高了相亲会的趣味性和互动性，让年轻人快乐相亲。而且，相亲者信息采用二维码展示，相亲者可以通过扫描二维码，与任何一位中意的相亲会员通过微信沟通，扩大现场相亲者的交际面，基本可以让相亲者有机会认识现场所有的人，打破了以往向红娘索要手机号码的局限性。

不少创业者在微信上当起了"红娘"，赚取"媒人费"。25岁的深圳教师小燕能成功牵手另一半，正是得益于微信公众号"微诚勿扰"。用户向"微诚勿扰"提交个人资料后，可通过发送关键词获得交友信息。目前"微诚勿扰"尚未收取交友费用，而是通过线下活动费来运营，如线下举办的深圳交友派对，将对参与者收取百元以内的活动费。

除此之外，还有"对爱"微信官方账号。"对爱"创始人晋明会终于找到了弯道超车的机会。从2011年8月创业伊始，他一直做得很辛苦，无论是网站、开放平台还是App开发，"对爱"几乎每次都忙于追赶包括世纪佳缘、百合网、爱婚恋、陌陌等先行者的脚步。但在加入微信开发者阵营后，似乎一切都变了。"对爱"微信公众号（账号：dui-ai）在2013年1月17日面世后，因其模式独特，迅速获得了大量的媒体曝光，上线第一周就收获了2万粉丝，每天都要收到用户发来的几万条交友查询信息。

"我们在推出'对爱'公众账号之前，鲜有投资人问津，现在不同了，仅上周就有7位投资人找上门来，比去年一年的数量还多。"晋明会并未透

露目前的粉丝量级,但神奇的微信红利已经真实发生在了"对爱"身上。晋明会甚至作出了这样的预判:"微信一定会重演互联网和移动App开发领域的辉煌,也一定会造就大量微信版的世纪佳缘、大众点评、口袋购物和唱吧等新型应用。"

"对爱"本身其实是一个婚恋网站,目前有20多万注册会员。不同于单纯的基于地理位置交友应用的"盲目","对爱"返回的单身异性都是婚恋网站的会员,是真正有婚恋交友需求的人。而且个人资料都会经过网站审核,基本不存在陌陌上"像风一样的男子(女子)",同时也尽量避免了婚骗、酒托、饭托等情况的出现。

**创业商机点拨**——婚介本身的精准需要注定了这个行业有机会。有红娘团队及线上互动能力和资源的网站,靠微信的深度和专业化服务,会冲出一线品牌。而地域和服务对象的多样性和复杂性又决定了除一线品牌外,会有很多种特别领域的小品牌出来。

# 5.创业者和草根如何实现那些"不可能"?

微信正在从一个产品走向一个平台,各种系统构建和平台规则问题让不少创业者迷茫甚至望而却步。比如,电商担心支付没法打通;开发者接口开放不够多,担心腾讯不公平;禁止公众账号互推,又不做官方导航推荐,推广成难题;封号问题缺乏官方解释,等等。

实际上,在任何平台上都是如此,总有一些人会坚持,一些人会犹豫,一些人会错过甚至放弃。

一个快餐厅老板是80后。2013年初,他在微信公众平台上注册了一个账号,通过简单的设置获取了一个属于自己的公众账号和二维码身份。之后,老板将二维码打印在菜单上,顾客扫描就能到达小店的公众号,很多餐厅的常客都成为了小店公众号的订阅用户。老板每周会不定期地推送小店的菜单和套餐,甚至用户可以投票喜欢的菜式来决定快餐店下周的菜单内容。此外,餐厅还提供2公里送餐服务。在微信上留下地址和套餐号码,收到回复后即可下单,半小时内外卖就能送到。老板说,自从有了微信订餐服务以后,他家的外卖生意订单增加了30%,一些忠实顾客还成为了他的朋友,经常到店里找他聊天。

关于上文中提到微信的种种,快餐厅老板可能并不了解多少。作为一个最普通的草根,他却没有花一分钱做营销,利用微信给他的生意加了分。

微信正在让更多创业者和草根实现一些"不可能"。

**开发者大迁徙**

2012年,HTML 5技术遭到"动荡":被Facebook抛弃,自身标准制定分为两派。面对这种情况,不少开发者都产生了动摇。在试水微信平台之前,专注于HTML 5游戏开发的创业团队磊友科技的研发重心也主要在海外游戏市场。

"微信将会是手机网页游戏最有希望的入口,二者结合能产生巨大的价值。它免去了用户下载、安装或删除游戏的复杂过程,颠覆了用户玩手机的传统习惯。"

磊友的CTO赵霏和他的团队成员每天会在微信公众号上推出一款小游戏,通过"小游戏免费引流+大游戏盈利"模式,掘金微信游戏市场。

这与微信官方的计划一致:腾讯首席执行官马化腾以及总裁刘炽平都在各种场合多次提到,微信商业化第一步将从游戏领域开始。

不过,赵霏认为目前微信平台在与HTML 5手机网页游戏结合方面还有很多不足,"现在才刚刚起步"。一方面是微信的开放和功能完善,另外一方面是用户。"公众号用户数至少在10万以上,日活跃用户2~3万,这个平台才有商业化的价值。"

赵霏还在期待微信更进一步实现到App的跨越。"比如最近微信开放'自定义菜单',这个有助于开发者改善平台的用户体验。比如,你可以直接点击菜单就进入游戏,而无需输入繁琐的数字和弹出菜单。"

## 微信公众号"点歌台"

在上线后两个月里粉丝涨到1万,每天收到超过500条信息,日均新增用户超过100名。这是其运营方广州图锐公司CEO谭颖华没有想到的。

在开发微信公众号之前,他的团队一直忙于运营"速推"、"口袋生活"和"点歌台"这几款App产品。2012年底,团队为了将社交因素加入点歌行为,才想到在微信试试。

类似想试水微信平台的开发者不在少数。微信作为移动互联网领域全新的开发平台,优势被越来越多开发者意识到,另外一方面,最早一批扎根微信的App开发者的示范效应也给创业者带来了更多的正能量。

公众号"微信路况"的粉丝数已经接近50万,每日向用户发送大量实时交通出行信息。其运营方车托帮CEO吕春维曾表示,微信的成长速度,大于自己做App的速度。而公众号"微法律"(账号:Weifalv001)已有5万多粉丝,其背后由30多名律师团队日夜轮值,回复来自全国各地乃至偏远地区用户的法律求援。

一直关注微信创业的炎黄网络创始人、皮皮精灵助理总裁管鹏介绍,几乎所有的App开发者都在研究或者已经在开发微信公众号,在他预计,微信开发者的量级应该在几万到十几万之间。

### 电商的新玩法

除了游戏以外,电商O2O也是微信平台未来商业化的尝试方向之一。然而,移动端转化率低、移动支付以及微信的开放程度都还限制着电商在微信平台施展拳脚。现阶段,微信平台更像是电商的一种新媒体渠道尝试。

全职太太张女士平时要带孩子,很少有机会用电脑,酷爱网购的她经常通过手机下单购物。最近,她又开始尝试在微信上购物。她在美肤汇的微信公众号上开设的购物专区里选择了几款化妆品,点击购买并按照系统提示输入手机号,稍后就接到了美肤汇客服的电话,录入个人信息后完成下单。整个过程大约10分钟,目前只能选择货到付款。

尽管现在该购物页面上呈现的商品还很有限,但这一便捷通道的出现,一度激发了很多电商的强烈兴趣。"很多电商都在微信平台上或多或少有一些尝试,只是没有大力推广而已。"一位电商从业者这样表示。

玫瑰视界CTO刘建国也在尝试通过App、微信等移动互联网模式创造新的时尚杂志运作模式,其微信公众号"MFashion"每天推送全球顶级时尚领域的最新潮流信息,而借助微信的交互特性,可以根据用户的信息反馈,实现定制化的信息推送。同时,"MFashion"可以结合用户位置列出最近的品牌专卖店,甚至可以提供导航服务,最终完成到店消费。这种全新的O2O运作方式,使得"MFashion"正逐步获得一些奢侈品牌客户的青睐。

### "自媒体"创业路

在微信上,自媒体火起来了,并有人成功通过此实现了传统媒体才能

实现的赚钱方式:打广告。

2013年1月28日,从腾讯离职从事自媒体创业的程苓峰开始在自己的个人媒体阵地——"云科技"博客上投放广告,在广告招租帖的醒目位置赫然出现了一天一万的标价。与此同时,程苓峰的微信文章字号比别人大了两个号,间隔也比别的公共微信文章大一些,使得用户在手机上阅读感到更加舒服。随后几天,接踵而至的6份广告收入让他初战告捷,迅速打开了个人媒体用广告赚取收入的局面。

除了"云科技"以外,"移动观察"、"罗辑思维"、"玩转微信"等一批自媒体人凭借高质量的内容,也开始在圈子里小有名气。

### 微团购——微信卖书

在媒体人韩磊看来,在微信上,人人都可以是自媒体。这也是由微信的属性决定的。的确,微信操盘人张小龙将微信的起点定位为"一套消息系统",无论是个人还是公司,在微信公众账号平台上都可以被看作是一个自媒体。出于爱好,他也注册了一个自媒体账号"IT发条",并拥有一批稳定的订阅用户。在他看来,类似像"云科技"这样实现广告收入的自媒体人还是少数中的少数,只是个案而已。对此,深圳博图广告的策划总监吉栋梁也表示赞同,"我们对微信推送的内容非常谨慎,一旦发了一篇不痛不痒的文章,用户看了可能会随时对你取消收听。"

在信息爆炸的微信上,目前稳定且高质量的"自媒体"账号屈指可数,一些微博上的营销账号也将自己包装和定义为"自媒体"。"在自媒体的包装下,才方便去接洽一些广告软文合作,当然,现在有很多是腾讯不允许的。所以,大家也比较低调。"某网络营销公司的相关人士告诉记者。

"坦白讲,在微信上做自媒体的门槛要比在微博上做自媒体的门槛高得多。除了技术方面的因素之外,微信的推送功能让用户对内容的原创性要求比微博高得多。"管鹏正在组织一个"皮皮自媒体联盟",

希望在微信平台上给自媒体人们提供单一的模版,向个性化、高端的方向前行。

高朋团和F团合资成立的"微团购"是最早实现支付闭环打通的微信O2O项目,用户关注此账号无需注册和登录就可完成微信支付下单。

在电商从业者看来,"这更像是一场吸引眼球的尝试。毕竟,现在B2C(商家对顾客的电子商务)在微信上整体转换率都非常低"。

据高朋团CEO林宁透露,微团购仅有5%的订单来自移动端。显然,这还是一个非常小众的市场。

"微团购还不成熟,它只发挥了微信特性的10%,我们现在不敢使劲推。"高朋网副总裁高峡在接受媒体采访时表示。目前,微团购将主要精力放在了控制产品的品质上,并针对手机端一些特性(比如陀螺仪、摄像头、高清触摸屏、LBS等)进行新功能内测,希望能够成为为微信和手机而生的产品。

例如,微团购会为线下商家配备更多名为"微护照"的智能扫描设备,这种钢笔大小的设备可以在1秒钟内读取用户手机上的微团购二维码,极大简化用户消费流程。同时,微团购还将与苹果的iPad全球部署项目合作,利用iOS6定制界面的新特性,将微团购嵌入苹果为线下商家部署的iPad或iPod中。

据介绍,微团购的未来使用场景非常类似于团购网站Groupon推出的"GrouponNow"服务,就是用户可以通过移动设备随时随地提交团购需求。当然,这些还只是未来的设想,还要配合腾讯微信O2O的整体战略和进度。

现阶段,电商导购类App口袋购物的运营总监李凯则更愿意将微信平台作为客服工具。

微信宣布开放平台之初,他的团队推出了公众号"口袋小秘书"(账号:koudaigouwu),运营半年来已经获得近10万的订阅数,也让他有了一

些意外的收获。"微信用于与用户互动沟通上效果非常好,完全可以取代论坛等传统的用户交流方式。"李凯在接受记者采访时介绍他曾经做的一个测试,"微信粉丝在接受群发信息后的一层打开通过率最高超过60%,这一数据平均下来有近30%。"

在这一数据的引导下,李凯将口袋购物的运营部门中产品测试、用户访谈、客服反馈等需要与用户直接交流的工作全部迁移到了微信平台上。在李凯看来,购物是一个流程复杂的用户行为,包括寻找、决策、购物等多个环节,尤其是对于非标准品,需要考虑的因素会更多。现阶段微信的功能还不足以支撑用户完成整个购物行为,李凯更愿意微信成为移动互联网上与自己App连接的桥梁。"微信公众号在口袋购物App之外是很有利的补充,能够帮助用户更好作出购物的决策。"

# 6.方法总比问题多——避开微信创业的那些暗礁

当然,微信创业也不是一本万利的。这里就来总结一下微信上创业所经历的一些误区和暗坑。

### 营销账号遭遇"冰火"两重天

如今,微信开放生态正从产品运营迈入平台运营阶段。由于管理越来越严格,一些因病毒营销而被封杀的草根营销者开始指责微信平台毫无规则可言,也让不少创业者心生犹豫。

"现在微信对于我来说,只是一个普通的工具而不是赚钱的项目。"从微信公众平台开放之初就进入这个平台的创业者牟长青近日准备淡出对一些微信公众账号的运营,将自己的运营重点重新放回自己已经运营了两年的论坛上。

牟长青在微信上的创业经历更能体现出微信政策趋紧的整个变化过程。

2012年8月,他在微信上注册了一批与女性相关的账号,比如美女、瘦身、美容养生、穿衣搭配等,"最早开始玩微信的一个星期,天天晚上睡觉做梦都在想着在运营微信。"

牟长青将当时自己的状态形容为打了鸡血一样。不仅如此,他还花了很大精力去维护用户,并且很快做到了百万粉丝。"大概10个账号一共拥有100万粉丝,最高的单个账号粉丝在20万左右,在腾讯官方允许互推和朋友圈分享的时候,只用了2~3个月时间做到20万用户。"

在牟长青看来,这些粉丝的质量很好,不像微博容易有很多僵尸粉。而高数量、高质量的粉丝也为他带来了不错的收益。据牟介绍,"1万粉丝群发一次收益是50~70元,如果你有100万粉丝,接到一次广告就能赚5000~7000元。"

实际上,不光是牟长青这样的草根营销账号在抢占地盘,国内电商导购平台美丽说和蘑菇街等也在微信上进行着一种"病毒式推广":用各种"性格测试"诱导用户观看,并在分享之后加账号关注才能查看测试结果。这导致了迅速的病毒式链接传播,竟然在几十个小时内到达了上亿用户,产生了极其惊人的营销威力。

之后,微信封闭了分享链接,对所有页面在打开后必须进行强制性的二次跳转,这样就使得内容无法与分享行为直接挂钩,而必须出于用户自愿。

"微信的政策比微博严十倍以上。"也正因如此,牟长青初期做的美女账号在2012年底也被腾讯官方统一批量处理了。谈到被腾讯封号,牟长

青觉得有些无奈。"

实际上，微信的趋紧也源于新浪微博的警醒。新浪微博如今账号混杂，广告信息太重，微博已经沦为一些草根站长的淘金圣地，而丧失了微博发展之初的意愿——通过简短媒体传播更多有趣的信息。

有数据显示，2012年微博用户在线时间较2011年环比下降11个百分点，新增用户数也降到了历史最低点。

今年以来，腾讯对于微信草根营销账号的风头更严。"我们更希望你说我们是自媒体，而不是营销账号，这个太敏感了，现在谁敢说自己是营销账号就有可能被腾讯封杀。"一个营销账号操盘人表示，在腾讯官方政策不明的情况下，众多微信江湖圈子里的营销账号选择"隐匿"的低调方式存在。

"腾讯对于平台管理的前提是不能破坏用户体验，不能引起用户反感，并不鼓励内容分享到朋友圈，甚至限制公众账号每天只能发一条信息，这些都是出于对用户体验的考虑。"这样给微信的营销账号增加了运营的难度，是和微博"完全不一样的玩法"，所以必须慎重对待每条推送给用户的内容。

### 盲目的乐观

很多朋友看到微信用户突破4亿了，就蜂拥而上，东拼西凑个公众号出来，以为那么肥沃的土壤，即便插根竹竿也能开出几朵娇艳的花来，可事实是连发芽都发不了。

这是因为虽然微信用户群庞大，但目前玩公众账号的连5%都不到，因为微信官方还没有大规模地推公众号。更悲催的是，这5%的用户你还不知道在哪里以及怎么找到他们，微信官方至今连个微信公众号导航都没有，这也是饱受微信创业者诟病的地方。

所以，想借微信一夜暴发的心态要不得。

**过分的迟疑**

另外一个极端是,很多朋友虽然关注这块很早,却一直在默默关注。当初天使湾创投为了怂恿投资对象去做公众账号,专门把他们所投团队召集在一起开了几个小时的会,结果真正当回事的也就一家。虽然这一家做公众账号的成绩还有待观察,但至少走在了很多人的前面。

我们把微信理解为"拥有熟人社交关系的跨平台App Store",一个App Store已经非常了不起了,再加上熟人社交关系这条传播通路,而且还横跨iPhone、Android、WinPhone和塞班多个平台,这样的平台创业机会真是千载难逢!

而现在正是微信平台的排位赛阶段,虽然跑了排位赛不一定能晋级,但不跑一定没机会,对小团队来说,尤其如此。

**夸大了对封号的恐惧**

很多朋友说:万一我辛辛苦苦把一个号做起来,但微信说封就封了,我到时找谁哭去?

其实这是对微信团队的误解,当然,也不排除有人刻意混淆视听。微信的确曾经封过一批大号,而且有点矫枉过正,但后为很多违规不严重的大号都被解封了,而且现在管理也倾向于越来越宽松,毕竟水至清则无鱼。只要不是涉黄或者明显互推,几乎不可能封号,而且即使封了号,只要你是诚心在微信上为用户服务,也一定能够解封。

**用做App的思路来做微信公众号**

很多做微信号的团队都是从App转过来的,所以很多人沿用了App的思路,但其实两者的差异非常大。

微信平台最大的优势是互动性更强,最大的劣势则是展示空间有限,而App正好相反。简单来说,微信上更像是非常简短的跟用户对话,而我们却看到很多微信的公众号要么只会每天给用户群发消息,要么消息回得又臭又长。

**很多人把公众号简单理解为每天群发消息**

如果是媒体,当然没有问题,因为媒体的属性本来就是单向推送。但应用本来应该是双向互动的,如果也按照媒体的做法依样画葫芦,怎么行呢?

微信公众号除了每天能群发一条或多条消息,还能根据用户的输入回复有针对性的消息,这才是应用要走的正道。因为每个用户的需求不一样,如果都群发同样的消息,肯定是众口难调,而且微信消息的侵扰性又那么强,总是满足不了用户的口味而又推送频繁,不被取消关注才怪!

**鼓吹人工回复的价值**

如果是把微信公众号当成是电商客服,那当然一点问题也没有,但问题在于很多人过于强调人工回复的价值,很多人觉得,既然微信的最大特性就是对话,那我们就每天人工回复用户消息,用户铁定满意。结果是:用户的确很满意,但我们一天到晚除了回复用户消息,什么也干不了,到最后一天收到几万条消息就扛不住了。

建议:如果你面向的是深度介入的小众用户,那么一对一的人工回复非常有价值;如果你面对的是轻度互动的大众用户,推荐使用自动回复,甚至可以用程序来实现。

延伸阅读:

## 微信5.0之后,还有哪些微信创业方式?

微信5.0版本其实就是个商业化版本,通过公众号的整顿、微信支付的接入以及微生活的合并,将商业化的步伐迈得更大更快一点。对于广大微信创业者来说,这更是一个机会。随着公众平台规则的明朗化,一些有利的创业模式已经可以投入实践,总的来说,只要遵守游戏规则,快速切入市场,微信平台还是有很多机会的。

微信5.0让很多人纠结,大多数人主要还是纠结推送的问题,好像不能推送消息就无法做活动、做营销。其实,微信的作用并不光是消息推送器,它还可以有很多创业和营销的方式,5.0后微信还能不能创业?有哪些方式?

即使到了微信5.0,微信还是个非常好的渠道,可以结合自身优势进行创业和建设,主要分有资源和无资源两种情况。

**有资源情况下的二次创业**

(1)客户服务式渗透。

这个模式是目前微信比较推崇的模式,服务号由此而来。在微信上建立客服系统,利用微信渠道集中用户,建立完善的客户服务系统,给用户提供服务和业务资讯,促进用户再次使用和购买业务,比较适合有固定指向性客户资源的企业进行二次互联网开发。5.0版本打通微信支付后,让微信终于有了自己的支付渠道,进一步提升了客户服务在线缴费的方便度,使客户服务业务更加完善。

**典型案例:招行、南航、交行、联通、电信等大型运营商**

(2)活动运营式营销。

重活动营销,轻客户服务,以活动优惠以及可扩散的活动传播模式将现有客户和潜在客户以活动的方式聚集到微信公众平台,并针对不同客户定期举办不同活动来黏住老客户、激活新用户,而这些活动往往是带有分享和传播性的。小米手机的微信号为什么这么火?就是因为它采用了让利的方式举办相关活动,并要求用户以分享的方式参加,从而形成了巨大的扩散。但是,基础还是需要有销售产品的支持,适合有商品的厂商操作。

**典型案例:小米手机、康佳电视**

(3)产品展示平台。

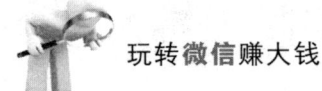

将自有产品以多样的形式用微信公众号呈现在用户面前，让用户通过不同渠道去了解使用，并得到用户或者企业的认可，使之产生采购意向。多数是App应用开发商和软件开发商，通过多渠道的方式让用户去了解自身的产品优势，不直接获取利益，却从中获得宣传途径。

**典型案例：小黄鸡、微库、微信加、微信通**

**无资源情况下的从零开始**

(1)品牌标杆创造。

以用户喜好为切入点，打造相关资讯类、娱乐类微信号标杆，提供给指定人群相关资讯。一般以无差别获取用户的方式进行推广，再筛选用户，获得指定用户的关注。目前来说，微信上的标杆式微信号有很多，大多数运营者空有用户量却无法变现，新的微信5.0的微信支付对微信营销创业者来说或许是个福音，可以不再用生硬的广告方式向用户推广，而是直接以用户支付的方式来取得收益

**典型案例：糗事百科、微语录、每日搞笑排行榜、找女神、星座频道**

(2)地区化电子商务。

地区化电子商务是微信创业最大的一个看点，有很多成功的微信号都是从本地资源开始做起，通过局部地区的差异化活动设计，将用户聚集到微信上，进行线上和线下的订购和消费。很多商家都采用了扫二维码的方式进行销售，之前炒得火热的微信煎饼阿姨和微信水果哥都是比较著名的地区化电子商务代表，但他们的例子还不是真正意义上的O2O，真正的O2O是需要线上完成支付，新版本的支付功能将掀起一次新的革命。

**典型案例：一茶一坐、打车小秘等各种小型的本地化微信号**

(3)自媒体/媒体资讯。

自媒体依旧是微信公众号不可或缺的重要部分，根据统计，有36.7%的用户在使用公众号阅读自媒体和媒体资讯，快速简洁的阅读方式让用

户体验非常好。自媒体和媒体资讯依旧很有价值,如何将自媒体资讯和商业订阅模式进行整合,也是5.0之后的一大看点。

**典型案例:微杂志、小道消息、央视新闻、zaker**

(4)工具服务应用开发。

工具类开发陷入了一个瓶颈,微信公众平台的诸多限制让App开发比较困难,需要通过申请很多接口来实现功能,在固定的框架内的设计比较容易让人陷入感官疲劳,工具类服务应用的开发需要微信团队更多的支持才能走得更远。

**典型案例:出门问问、印象笔记、微信路况、内推网**

# 第三章

# 微信营销

## ——第一时间抢摊互联网营销热地

　　众品牌纷纷抢滩登陆，微博上代理公司也正式挂起了"微信营销"这块招牌，一时间，微信成了互联网一大营销热地。那么，微信营销的前景究竟如何？品牌疯狂涌入的同时又有多少可以最终留在这个平台？

# 1.经典微信营销九大成功案例

2013年可以说是微信爆发的一年。近来，业内外一直纠结于微信营销的问题，就目前情况而言，微信营销仍处于探索模式，尽管有媒体时不时报道某某微信赚了多少钱，但微信营销至今仍没有固定的模式，我们只能通过一些成功的案例来总结一下他们的经营模式。

**案例一:杜蕾斯微信——活动营销**

每每提及微博营销案例，总能看到"杜杜"的身影，似乎他应经是微博营销中一块不可逾越的丰碑。这个在微博上独树一帜的"杜杜"，也在微信上开启了杜杜小讲堂、一周问题集锦。

广大订阅者所熟知的还是杜杜那免费的福利。

2012年12月11日，杜蕾斯微信推送了这样一条微信活动消息:"杜杜已经在后台随机抽中了10位幸运儿，每人将获得新上市的魔法装一份。今晚10点之前，还会送出10份魔法装! 如果你是杜杜的老朋友，请回复'我要福利'，杜杜将会继续选出10位幸运儿，敬请期待明天的中奖名单! 悄悄告诉你一声，假如世界末日没有到来，在临近圣诞和新年的时候，还会有更多的礼物等你来拿哦。"

活动一出，短短两个小时，杜蕾斯的微信公众账号就收到了几万条"我要福利"的回复。10盒套装换来几万粉丝，怎么算怎么划算。微信活动营销的魅力在杜蕾斯这里被演绎得淋漓尽致，毕竟，免费的福利谁都会忍不住看两眼。

**案例二：微媒体微信——关键词搜索+陪聊式营销**

据了解，微媒体微信公众账号是最早一批注册并实现官方认证的公众账号，从开始到现在，一直专注于新媒体营销思想、方案、案例、工具，传播微博营销知识，分享微博营销成功案例。作为该账号的杀手锏，微媒体关键词搜索功能不得不提。

用户通过订阅该账号来获取信息知识，微信公众账号每天只能推送一条信息，但一条微信不能满足所有人的口味，有的订阅者希望看营销案例，而有些或许只是想要了解新媒体现状。面对需求多样的订阅者，微媒体给出的答案是关键词搜索，即订阅者可以通过发送自己关注话题的关键词例如"营销案例"、"微博"等，接收到推送的相关信息。

当然，如果你发送个"美女你好"，小微或许认为你只是要聊聊天。如果你实在不吐不快，或许这样的陪聊也是一个不错的选择。

**案例三：星巴克——音乐推送微信**

把微信做得有创意，微信就会有生命力。微信的功能已经强大到我们不能忽视，除了回复关键词，还有回复表情的。

这就是星巴克音乐营销，直接刺激你的听觉。通过搜索星巴克微信账号或者扫描二维码，用户可以发送表情图片来表达此时的心情，星巴克微信则根据不同的表情图片选择《自然醒》专辑中的相关音乐给予回应。

用表情说话正是星巴克的卖点所在。

**案例四：头条新闻——实时推送**

作为新媒体，微信当然也有其媒体传播的特性，尽管马化腾一直在弱化其媒体属性。作为微信营销的一个案例，头条新闻最大的卖点是信息的即时推送。头条新闻在每天下午6点左右，准时推送一天最重大新闻，订阅用户可以通过微信直接了解最近发生的大事、新鲜事，不需要在海量的信息中"淘宝"。

### 案例五:小米——客服营销9:100万

新媒体营销怎么能少了小米的身影?据了解,小米手机的微信账号后台客服人员只有9名,这9名员工工作量最大时,每天要回复100万粉丝的留言。每天早上,9名小米微信运营工作人员在电脑上打开小米手机的微信账号后台,看到后台用户的留言,他们一天的工作就开始了。

其实,小米自己开发的微信后台可以自动抓取关键词回复,但小米微信的客服人员还是会进行一对一的回复,小米也是通过这样的方式大大地提升了用户的品牌忠诚度。相较于在微信上开个淘宝店,对于类似小米这样的品牌微信用户来说,做客服显然比卖掉一两部手机更让人期待。

当然,除了提升用户的忠诚度,微信做客服也给小米带来了实实在在的益处。黎万强表示,微信同样使得小米的营销、CRM成本开始降低。过去小米做活动通常会群发短信,100万条短信发出去,就是4万块钱的成本,微信做客服的作用可见一斑。

### 案例六:招商银行——爱心漂流瓶

微信官方对漂流瓶的设置,也让很多商家看到了漂流瓶的商机,他们开始通过扔瓶子来做活动推广,一时间,合作商家为推广活动抛出的"漂流瓶"数量大增,普通用户"捞"到的频率也增加了不少。招商银行就是其中一个。

招商银行曾发起过一个微信"爱心漂流瓶的活动":微信用户用"漂流瓶"功能捡到招商银行漂流瓶,回复之后,招商银行便会通过"小积分,微慈善"平台为自闭症儿童提供帮助。在此活动期间,有媒体统计,用户每捞10次漂流瓶,便会有一次捡到招行的爱心漂流瓶。

### 案例七:凯迪拉克——基于LBS营销

播报路况已经不新鲜了,交通广播已经霸占这个领域许多年。凯迪拉克在其微信中推出"66号公路"的活动,对路况信息实时播报,更新及时,

为当地出行的人提供服务,尽管是在交通广播的眼皮下抢生意,但好在凯迪拉克的路况播报仅限66号公路。这也是其优点,只针对一条公路进行路况信息的播报,避免范围大而出现信息不及时的情况。

**案例八:1号店——游戏式营销**

1号店在微信当中推出了"你画我猜"活动,活动方式是,1号店每天会推送一张图片给订阅用户,用户可以发答案来参与到这个游戏当中。如果猜中了图片答案,并且在所规定的名额范围内,就可以获得奖品。

其实,"你画我猜"的概念是来自于火爆的App游戏Draw Something,并非1号店自主研发,只是1号店首次把游戏的形式结合到了微信活动推广中来。

**案例九:南航——服务式营销**

中国南方航空公司总信息师胡臣杰曾表示:"对今天的南航而言,微信的重要程度,等同于15年前南航做网站!"也正是由于对微信的重视,如今微信已经跟网站、短信、手机App、呼叫中心,一并成为南航5大服务平台。

对于微信的看法,胡臣杰表示:"在南航看来,微信承载着沟通的使命,而非营销。"早在2013年1月30日,南航微信发布第一个版本,就在国内首创推出微信值机服务。随着功能的不断开发完善,机票预订、办理登机牌、航班动态查询、里程查询与兑换、出行指南、城市天气查询、机票验真等这些通过其他渠道能够享受到的服务,用户都可通过与南航微信公众平台互动来实现。

# 2.小微信大智慧:定位、创意与执行力缺一不可

不同领域、不同定位的品牌都可以在微信公众平台上得到成功。成功的关键则在于寻找到自己的定位,以最适合自己的方式来面对自己的用户群体。而充分利用好这个点对点的平台,它将会给品牌带来性价比极高的全新营销效果。

做营销绝对要与时俱进,尤其是网络营销。现在这个时代,说白了就是网络时代,是互联网的时代,更是移动互联网的时代。随着智能手机的放肆来袭,移动互联网时代可以说即将来临。

从下面几个有代表性的成功案例,我们可以看出,要做好微信营销,定位、创意和执行力缺一不可。

**微信宝:做好微信营销有三大优势**

其实,早在2012年9月底,全球移动互联网用户就已突破了15亿。随着腾讯微信的推出,中国社会化媒体研究中心推出了国内第一款微信营销产品——微信宝。相信在不久的将来,移动互联网将大肆侵占我们的生活,微信将改变我们的生活,微信营销将改变网络营销的模式,微信宝也将引领这个潮流。

**具体案例:三人行**

**方法步骤:**

(1)建立账号体系,打出三人行:三人行骨头王,在上海有十几家店,其中每一家的活动针对地理区域不同,微信宝分别建立了十几个账号。

(2)官方的认证。微信宝通过一系列日常运营与活动,使三人行的粉

丝成功突破1000,进而可以申请官方认证。

(3)微信宝利用其6大核心功能之一的SQR精准投放,根据三人行的地理位置,进行精准的定位,从而迅速地推广到附近的人。

(4)微信宝利用6大核心功能,为三人行推出微信会员卡的应用和刮刮乐的应用,吸引会员关注,带动门店消费。

通过对三人行案例的分析,我们不难看出,国内第一款微信营销产品微信宝做好微信营销有三大优势:

首先,微信宝的日常维护功能很强大,短短时间里,上海十几家三人行的店面,粉丝暴增,都超过了1000,这不仅仅有利于微信认证,更重要的是能帮助三人行打造品牌营销力,扩大三人行的影响力。

其次,微信宝拥有良好的定位体系,其中SQR的精准投放就是微信宝6核心大功能之一。在精准投放定位环境下,企业就可以精准锁定受众群体,从而减少不必要的资金投入,还能提高效率。

最后,微信宝通过微会员的管理和互动来增进企业和受众粉丝的关系,使粉丝和企业形成黏性,这样既可以进行二次营销,还能很好地掌握粉丝的喜好。

因此,做好微信营销,首先要有日常维护,要有定位系统,要有会员管理。这当然只是微信宝6大核心功能的小部分,也只是微信营销最简单的方案。如果要更高效地提高产品销售量,就必须利用微信宝,建立微官网、微团购和微商城。通过微官网的宣传、微团购的促销、微商城的建立,再加上微信宝的SQR精准投放、微会员营销体系和会员互动营销体系3大功能,就能从定位客户群体、管理会员客户、引导客户消费三大方面来更高效全面地推广企业品牌和提高企业销售量。

**喜达屋集团:通过两大阶段实现微信营销**

喜达屋集团是全球最大的饭店及娱乐休闲集团之一,以其饭店的高档豪华著称。集团的品牌包括喜来登酒店、圣·瑞吉斯酒店、威斯汀酒店、福朋酒店、至尊精选、W饭店、雅乐轩等。

目前,酒店用户具有网购习惯移动化的趋势,于是喜达屋看准商机,利用快速成长的移动客户端微信,进行社会化营销。通过两大阶段实现招募粉丝到口碑分享、优化服务目标,占领了同类型酒店的营销先机。

**第一阶段:资源整合,立体招募价值粉丝/会员**

用喜达屋自有资源(酒店内宣传物料、官网、官方微博、百度搜索品牌专区等),以二维码作为导入口,吸引品牌兴趣粉丝;同时借助微信的周边功能覆盖酒店附近高价值用户,成为微信平台第一个同时运用"摇一摇"、"附近的人"功能的企业。微信用户一旦与酒店集团的SPG俱乐部微信账号建立好友关系,不仅可以收到最新活动信息、酒店优惠、在线预订等服务,还有机会抽奖赢得澳门免费酒店住宿以及参与"欢享之夜"预订酒店赢积分活动。

**第二阶段:动静结合,智能维护**

静:内容吸引,口碑分享。贴合SPG会员尊贵身份和阶层品位,软性传递SPG酒店和会员活动,让每一条信息都做到具有价值性而不是打扰。让微信好友在获得有利信息的同时,不断增强对SPG俱乐部以及喜达屋集团的品牌好感。为了更好地鼓励SPG好友在微信分享,前期招募期,喜达屋通过澳门免费酒店住宿大奖吸引,刺激和激发粉丝主动分享给自己手机及社交朋友。

动:真人客服。SPG俱乐部官方微信实现与喜达屋强大的客服中心对接,率先实现真人化专业客户服务,让SPG尊享服务始终伴随用户身边。

**方法步骤:**

(1)官方会员注册引导:开放官方微信接口,用户通过微信即可注册成为SPG俱乐部会员,让潜在需求在第一时间实现转化。

(2)关键词自动应答:基于微信公众账号的自定义接口开发,实现关键词自动应答信息的菜单式管理设置,实现精准便捷的客服响应,优于

现有公众账号后台手动管理。

(3)数据智能化管理:基于微信的消息接口开发,实现客人咨询提问批量导出、好友分组管理等多重数据管理技术,为品牌后续推广提供数据化支持。

从2012年10月中旬开始,SPG俱乐部官方微信运营上线54天,增加微信好友超2万人,访问酒店会员活动网站超过6万人,吸引新注册会员达5930人,用户微信咨询超过6000次,共达成1192份意向订单。喜达屋酒店集团是首家运用微信客服的国际酒店品牌,明显提升了客户的品牌忠诚度、喜好和体验度、参与度。

### 紫砂老黄:微信营销是情感营销

紫砂老黄,核心成员只有两个人,一个人负责运营,一个人负责供应链及地面资源。但是两个人在半年多的时间里,总流水却达到了令人咋舌的800多万。

有非常好的地面资源是他们成功的必备要素。为此,老黄不惜让紫砂界非常有名的国家级大师(其姑母)为其站台宣传。一次去台湾旅游,老黄通过偶然的机会认识了一位台湾富商。在聊的过程中,了解到其非常喜欢喝茶,同时老黄的姑母也是大师,对方就特别希望让老黄的姑母做一把壶。而关注科技前沿的老黄则希望通过微信完成这样一笔交易。就这样,一笔160万的紫砂壶交易在微信上促成。当时的紫砂老黄也着实火了一把。此后,他更加坚定了走微信社群电商之路。

紫砂老黄在微信上销售紫砂壶的成功基于3个方面:

(1)人性。

相信所有人更愿意跟人一起交流,而不是一个生硬推送内容的机器(公众账号)。个人微信朋友圈完全可以做到这一点,可以完全体现出情感和人性。而通过情感做营销,是成交的必备要素。

在交流的过程中,老黄提到几点:

第一,坚决不把粉丝当成上帝。

第二,绝不主动骚扰粉丝,等粉丝自己添加找他聊天。

第三,绝不讨好粉丝,夸大产品功效。

第四,绝不催款,不还价,主动让纠结的粉丝回去慢慢考虑。

第五,不做过分的承诺。

这些都充分显示了老黄对情感营销的解读。

**(2)行业。**

紫砂老黄的选择跟他的出生地宜兴有莫大的关联,从小受到紫砂的熏陶,他也深刻了解这里产品的独特性。他出手的壶一定都是全手工制作,并且都会有严格的工艺师的印章和证书。而且,很多工艺师与他生活相伴,这些生活照上传到朋友圈很容易取得别人的信任,同时,他也接受定制服务。现在,他已经把他所有的老客户都转移到了微信上,只需一个留言,产品就可以轻松定制。

**(3)生态系统的建设。**

紫砂老黄还提到他要将老客户和潜在客户吸引到QQ群、微信公众号中,这两个都有其各自的作用。在群里,大家相互交流,分析问题,探讨如何有效地开壶、养壶、鉴别壶等话题。而他的公众账号从不推送产品,他会讲一些有关禅、茶、道以及养生的知识,这些让爱壶之人倍感舒服和喜欢。

微信营销是基于朋友间的强关系。很多人对微信营销有误解,以为是借助微信去营销。而事实是,通过营销将客户吸引到微信上,再通过微信完成成交,这才是微信营销的真谛。

我们可以理解成每个人是一个辐射点,这些辐射点的辐射范围是相互覆盖的,会产生交集,而这些交集才是传播的核心。这些交集可以让几亿个小"朋友圈"变成整个世界。说白了,也就是社群。社群,引申到微信上也就是朋友圈,这才是微信做生意成功的关键。

# 3.快消品行业如何做微信营销

快消品作为人们日常生活最贴近的消费品，也是最适合做微信营销的。那么，快消品该如何做微信营销呢？

这里先向大家介绍一个微信营销的案例，这个案例可以让我们看到，爱思考、勤行动的人，是有很大机会走上成功之路的。

"@糯米酒先生"来自厦门，顾名思义是位酿造糯米酒的先生，其酒坊坐落在福建永定县下洋镇廖陂村东兴楼，特点是采用传统纯手工工艺酿造客家土楼糯米酒，而永定的客家土楼早已闻名遐迩，我们对此并不陌生。

很难想象这位来自客家土楼的先生，早在去年8月份就申请了微信公共账号，名称叫"客家土楼糯米酒"。在半年多的时间里，他边摸索边积累，获得了初步成功，来看看他的成绩单：公共账号最新数据显示，已有近22500名粉丝，每月有近5万的销售额，糯米酒定价60元/斤，多数客户一次性会购买5～10斤，因此每单价格在300～600元不等。

短短数月就能取得这样的成绩，他是怎么做到的？我们一起来揭开其中的秘密。

### 微博和微信的差异

微信更加精准，信息达到率更高。可以粗略地这么理解：微博就像是农村里的大喇叭，广而告之，但你不一定在家，所以不一定听得到。即使在家，也许你当时正在专注看韩剧，信息很快就会石沉大海，因此宣传效果如同散弹打鸟。而微信更像是一对一的电话营销,效果类似"狙击",信息可精准传达到个人。

正是基于这点,糯米酒先生从开始便放弃了微博阵地,而直接把战略放在了微信上。如果不是经过认真的思考和对比,是不可能做出这个选择的,更何况2012年8月时,公共账号并没有现在这么火,所谓先下手为强。

微信的粉丝更忠诚。如果李开复在微博里公布自己的公共账号,凭借千万级别的粉丝量,会很快抓取数十万甚至上百万的粉丝,但这些粉丝需要完成"搬家"动作,愿意过去的一定是更加忠诚的粉丝或叫"铁粉"。对于大部分人来说,除非这个账号能提供不一样的价值(资讯),否则没人会擅自去关注一个公共账号。

公共账号是一个更精准、更认真、更专业的互动平台,却缺少一个粉丝增长的内生机制,故而获取粉丝的能力要比微博差很多。

之所以谈到以上几点差异,是因为这些差异会直接影响到你获取粉丝及沟通信息的方式。

### 如何获取第一批粉丝

我们都知道,第一批粉丝比较难以获得。有不少"微博达人"为了吸引关注,先给账号买几车皮"僵尸粉"做引子,有的僵尸粉率甚至高达90%以上,不明真相的过客便很容易被吸引过去"关注"。

但这招在微信里却行不通。微信缺少粉丝增长的内生机制,即我和你可以有效互通,但我和你的粉丝就很难发生关系,因此,微信粉丝的获取更多需要借助其他媒介或渠道。

如果你是微博里的大V,本身坐拥数十万甚至数百万的粉丝,只需在微博里公布自己账号便可,第一批粉丝会很容易获得。但多数人并没有如此高的影响力,更难以靠粉丝"搬家"获得增量。

糯米酒先生酿造的糯米酒定价是60元/斤,无论是品质还是价值,同

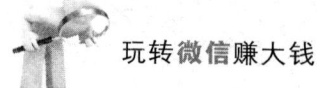
市场上20～30元的米酒有很大差异,因此,知道自己的客户是谁、在哪里非常重要。

为了锁定目标群体,并让他们成为粉丝,他是这么做的:

首先,他花了些时间调查厦门当地的高端厨房、橱柜企业及其店铺信息,最终锁定了10个大品牌和20个中端品牌。

之后,他精挑细选了些店铺,和同事用了近半年的时间深入到每家门店现场互动"拉粉"。

我们都知道,闲逛高端厨房橱柜的人多数是有点经济实力的小夫妻,他们要么将要结婚,要么准备换新房,更重要的是,这个场合更加适合搭讪。如果是在超市里,人更多,环境更嘈杂,人们是没耐心停下来听你讲故事的。

接下来,他们根据自己的判断,一旦遇到合适的客户,便走过去主动搭讪,并递上印有二维码的名片,当场邀请客人关注。微信公共账号的私密性较强,一般不用担心泄露隐私,因此多数人都不会拒绝。

最后,糯米酒先生施展攻心术,免费邮寄一瓶给客户试喝,他也会由此获得客户的第一手信息。之后,他们会根据实际情况适度开展电话回访,进一步获得情感上的认可,最终取得客户的信任。

从消费心理学上理解,只要他接受了你的试喝邀请,通常最终都会成为你的客户,只是时间问题。如此反复坚持,他们最终获得了400多位忠实客户,并在公共账号上建立了互动关系。

### 如何达成粉丝的量变

第一批粉丝到手后,你的信心一定会大涨,剩下的工作就是继续广而告之。

糯米酒先生从不放过任何一个曝光自己账号的机会。当客户来电咨询时,他会直接告知账号,邀请客户关注,当然还有"利诱"的引导,诸如折扣、抽奖或线下体验等。同时,所有产品的标签上都有二维码接口,一样是"利诱"客户关注。

当然,罗马建成也非一朝一夕,获取粉丝本质上也是一种有技术含量的曝光行为,充分利用好每次曝光机会定会有收获,只是执行中要学会总结并不断完善。

还有更多曝光方式,比如DM单、展会等,更吃力点的是利用微信里的"附近的人"功能,筛选附近的目标群体,加他为好友,然后再邀请其关注公共账号。

**如何营销自己**

第一,线上内容。

糯米酒先生并不着急在微信里做硬推销,他说得很实在:"没有必要刻意推销产品,更重要的是沟通交流。"因此,除了常规的酒文化介绍、酿造工艺等,他还针对性地介绍了糯米酒的喝法、功效、保健知识等,客户也会直接咨询或提出各种问题,他们会组织专人一一解答。

其实仔细想想,糯米酒先生在内容方面做得还不够,内容本身所涉及的话题可以从酒延伸到生活、家庭等各方面。目前公共账号里仅有3个目录轮换播放,显然过于单调。另外,内容需要一定的互动性,要尽量避免单向传播,多做双向互动。比如,内容可以设计成题目问答或互动游戏,充分调动粉丝的参与热情,提高粉丝的黏性。

第二,线下活动。

他们会不定期组织线下体验活动,召集大家到客家土楼的酿造基地监督、考察,这也是调动粉丝参与的一种方式。试想,在一个天气晴朗的周末,小夫妻带着孩子去体验客家土楼文化,了解传统酿酒工艺,也是不错的亲子体验。在活动结束后,客户会或多或少地买些产品带回家,真是一举两得。

**3种微信运营案例值得快消品借鉴**

微信不仅仅是一个媒体平台,同时也是销售平台,或者是一个CRM客

户关系管理平台,这里面有巨大的想象空间。

这里为大家分析了3种微信运营案例,值得快消品借鉴。

**第一种:陪聊式营销**

飘柔在快消品品牌中也运用了陪聊式微信营销,并且做得比较成功。首先,飘柔在微信中以"小飘"自称,关注飘柔后,用户会发现"小飘"不仅能陪聊,还能唱歌、指导星座运程。不过要注意的是,这种私密聊天的需求尽管很受用户的欢迎,但是随着用户数量的增多,就需要更多的专职人员来进行维护。当人员不足的时候,就有可能影响收听者体验。

**第二种:客服式营销**

这里就不得不提一下蒙牛了。让我们来看看这个曾经多次出现产品问题、落人诟病的品牌,是如何在微信公众平台上施展拳脚的。

蒙牛的微信公众账号于2013年5月份上线,尽管微信账号名称为"蒙牛乳业",但是从内容上来看,却是做微信客服的,主要意义就在于和消费者沟通,回答消费者的一些疑问。关注蒙牛乳业微信后,可以看到其下方有3块内容:对话备忘、焦点提问和牛奶君说。这3块内容起到了品牌的传播作用。值得注意的是,点开对话备忘中的历史遗留问题,便可了解蒙牛过往的产品问题,能够主动正视过往的问题,这一点还是比较难得的。品牌微信做客服的好处有两个:一是不骚扰,二是可以在封闭空间内解决产品问题。

**第三种:促销式营销**

快消品从字面意思上理解为快速消费品,既然是快消品,那就是销售越快越好。所以,快消品商家不妨采取促销式营销方法。而在所有促销式微信营销中,做得最好的就是星巴克。不少人关注星巴克,是因为能收到星巴克的优惠券和优惠信息,在一定程度上完成了品牌传播的任务。星巴克的优惠信息内容不是生硬的告知,而是运用社会化营销方式:精美的海报,与时事结合、关爱般的文案都会使它的促销信息看起来不那么生硬。

如果说促销式营销满足了客户最直接的优惠需求，那么陪聊式微信营销就是满足了收听者沟通的需求，客服式微信营销则满足了用户希望解决问题的需要。不同的品牌面对不同的用户，需要有不同的微信营销策略，以上几点是大部分品牌都可以借鉴的。

# 4.餐饮行业微信营销全攻略

对餐饮营销管理来讲，获得顾客满意是十分重要的。试想一下，营销人员通过各种方式不断招来顾客，而餐饮却因为服务问题造成顾客的不断流失，一锤子买卖必将使餐饮走向衰退，因为招来顾客越多，流失也越快。

**(1)消费者是最好的导向。**

顾客是最好的老师，餐饮营销者要不断地主动收集顾客的意见或建议，因为一般情况下，顾客是不会主动诉说的，他们只有在十分满意或十分气愤的情况下，才会表扬或投诉。所以，餐饮营销者要设法通过多种渠道，调查和预测顾客的需求，获取顾客的反馈。如：在顾客办理退房手续时，请顾客填写意见表；设立互动式的网站与顾客进行交流；宾客关系经理主动拜访住店顾客；销售人员跟踪服务，等等。

目前还有相当一部分餐饮的营销管理停留在简单的推销或低级的削价手段上。餐饮若缺乏正确的营销观念作为经营指导，就很难在竞争激烈的市场中取得胜利。餐饮所面对的市场细分为若干个小部分，餐饮只

对其中的一个或几个小市场发动攻击,用有限的资源图谋长期形成自己的势力范围。现代餐饮市场竞争,包打天下的餐饮企业已经失去了立足的根本,要想生存下去,就必须有目的地屏蔽市场,划分势力范围,建立自己的根据地。小企业是这样,大企业同样如此,因为选错目标市场导致餐饮企业一败涂地的例子不胜枚举。

**(2)分享和朋友之间推荐的营销模式。**

随着社交媒体、SNS社区、O2O的出现,以"粉丝"、"会员"、"达人"分享和朋友之间的推荐的营销模式逐渐形成,因为餐厅受地址的限制,餐厅的地域性由此形成,所以餐厅适合微信、微博等社会化的营销模式。

餐厅许可式的主动推送信息模式:餐厅在自己的公众账号上推送餐厅动态、美食、服务信息或打折优惠信息,就像餐厅的海报,通过微信与用户沟通交流最新讯息,方便、快捷、成本低。因为餐厅是接触度和体验度相当高的行业,如果能花时间跟粉丝聊聊天,拉近餐厅与用户的距离,效果会更好。

微信漂流瓶营销模式:娱乐餐饮是未来餐厅发展的一个趋势。利用"漂流瓶"本身可以发送不同的文字内容,甚至是语音、小游戏等,让顾客还没有进入餐厅就开始体验餐厅带来的快乐,并能通过网络或微信方式联系对接上目标客户,将关键字拼成宣传语,实现餐厅对消费者的消费引导。

LBS+信息推送模式:餐厅首先要申请微信认证账号,提高账号的权威性和可信度,然后在个性签名中输入餐厅信息、打折优惠或能够吸引用户点击进入餐厅微信主页的简短话语等(如菜系/特色菜/优惠券等),在用户查看"附近的人"时第一时间引起他们的注意。

**(3)特色美食分享。**

美食微信分享模式:分享与链接是互联网传媒的重要通路,更是人之本性使然。应用开发者可通过微信开放接口接入第三方应用,将餐厅的

logo放入微信附件栏中，让微信用户方便地调用第三方应用进行内容选择与分享,利用微信与朋友分享吃到的美食、餐厅优惠等。

餐厅微信摇一摇活动模式:餐厅通过摇一摇微信,与网友约定不同时段开始摇手机,只要网友被餐厅微信摇到,并加餐厅微信关注,就可以得到奖品或优惠。奖项设置可以激发网友参与的热情和积极性。

**(4)建立自己的粉丝圈子发展达人经济。**

餐厅朋友圈营销:餐厅可以通过运营人员的微信平台,将餐厅的精彩信息介绍、优惠活动或餐饮品牌推广软文分享到朋友圈中,推广内容支持网页链接方式打开。餐厅通过及时更新和分享用户希望了解的信息,或是能够取得用户好感的相关内容,既可以赢得品牌口碑,吸引新用户关注餐厅和产品,又可以增强忠实用户的黏性,减少用户流失数。微信用户在没有关注该餐饮品牌或餐厅公众账号的时候,仍然能够通过朋友圈看到该餐厅最新信息的链接,从而为餐厅赢得新用户提供有效的通路。

餐厅微信客服窗口:微信庞大的用户群和随时随地的特点为餐厅打开了一个新鲜的客服窗口,即餐厅微信客服(特别是24小时餐厅)。餐厅在进入微信的第一时间就要建立餐厅的微信客服官方认证账号,利用微信全天、及时性等特性,提供咨询、优惠券下载、餐饮介绍、订餐等项目,提高用户的餐厅体验和餐饮品牌的影响力。

**(5)可以在这样的特色美食上带上二维码。**

餐厅扫一扫加会员:微信扫一扫是连接餐厅官方微信和用户的便捷通路。用户只需用手机微信中的"扫一扫"功能扫描餐厅独有的二维码,就能获得一张存储于微信中的电子会员卡,可享受餐厅提供的会员折扣、餐品信息、活动介绍和服务。

餐厅陪聊模式:利用微信点对点的沟通功能,以餐厅(美食、特色菜、特色服务等)形象为蓝本,勾勒出有趣可爱的餐厅卡通形象,与用户进行交流互动,语言要幽默诙谐,旨在与用户趣味沟通,增加用户好感和黏性。

微信危机公关：危机公关无处不在，餐饮属于体验性服务经济，面对形形色色的顾客，再加上中国餐饮口味为最的实际情况，面对上亿用户，不满意情绪会在短时间内迅速膨胀扩张。及时回复，发表观点和摆明态度，通过微信向规模用户的群发信息，可谓一举两得。

微信伪公关模式：微信是点对点的精准营销，运营不当会迅速流失用户，甚至给餐厅造成负面影响，而有的餐厅却能利用微信这一特点取得不错效果。不过友情提示，此招慎用，稍一拿捏不好就会后患无穷。

**(6)每个餐厅都要有自己的招牌菜。**

餐厅微信代言人：微信信息以订阅模式出现，意味着用户希望在这里获得比自己更专业、更全面的视角、观点，原始事实要经过整合再输出。餐厅可以根据自身特点，推出专家级个人账号，该账号发送与餐厅相关信息(美食信息、服务特色、餐饮亮点等内容)，不直接推送品牌信息，做成隐性广告模式，不仅不会让用户产生反感，还能更好地宣传品牌，增强用户黏度。

餐厅微刊"多媒体式"推广：微刊是餐厅信息的载体，是与用户产生互动的话题来源，是用户知晓餐厅理念、了解餐饮品牌的平台。因此，做好微刊对餐厅来说是很重要的环节。餐厅可以利用微信的功能和特点，结合图文、视频、音频推出自己的微刊，实现微刊多元化，牢牢抓住粉丝的眼球并产生用户黏性。

**(7)名菜名店不可忽视。**

餐厅关键字搜索：微信关键字搜索模式将营销由被动变为主动，用户关注微信号并发送需求关键词，便可获取想要的信息。与百度搜索不同的是，微信关键词搜索更专业、精准、细致，并且转化率更高。餐厅关键词设置一般要有餐厅位置、菜系、特色菜品、优惠信息等内容。

餐厅搜索引擎优化：随着微信信息的海量注入，用户必然会再度面临信息选择的困境，搜索引擎优化将成为微信营销模式中的关键环节。例如,认证账号一般会排在非认证账号的前面。虽然现在还没有成熟的微信搜索引擎排名方式和算法,但在未来,随着微信的逐渐完善,搜索引擎排名规则会日趋明朗,商家在搜索引擎的排名上也会展开激烈的争夺。

**(8)搜索平台。**

餐厅垂直微信搜索平台:微信入口搜索将成为微信营销中的关键环节,垂直平台推出的平台内搜索和推荐也将成为微信营销的重要探索。对于餐饮来说,有餐饮—菜系—名菜、餐厅—特色菜—口味、餐厅—地址—消费水平等垂直模式。

餐厅微信流量导入:微信流量导入有多种方式,从导入流量的目标上,流量可以导入官网、商城、微博、自身微信等;从导入的形式上,可以二维码导入、账号导入、分享导入等;从导入策略上,可以采取常规信息式、话题式、活动式、内容式、促销式、咨询式、原文营销等。

餐厅微信交易模式:餐厅这个模式是非常难实现,因为受消费习惯的影响,后付费模式是中式餐厅的惯例。但是热门餐厅的等位、消费现金交易不便、信用卡消费步骤繁琐等因素,或使餐厅微信交易模式迎来新的曙光,不过要先解决退费、费用存储安全性等问题。

**(9)线上线下整合营销。**

餐厅微信—微博—SNS社区互动营销:企业营销手段越来越多元化,微博、微信、SNS社区、传统媒体等都是企业营销的主战场。营销手段和渠道的整合是未来营销大趋势。餐厅(特别是连锁性质的餐饮)用好微博、微信、SNS社区这几种营销渠道,相互结合、互动,使移动端和PC端产生良性结合,不仅可以提升用户体验,还可以增加自身品牌的知名度和美誉度。

餐厅微信营销矩阵模式:微信营销矩阵模式其实就是以客户为中心的立体营销。餐厅根据自己的特色、价位、地点、品牌等诸多因素,在微信公众账号输入"餐饮信息"后会出现餐厅圈子、微刊等相应产品的微信账

号,用户可以根据自己的需要选取。

餐厅微信O2O模式:线上线下整合营销,微信的成功在于能够非常细心地把握住现代消费人群的心理。他们是生活在现实世界的互联网使用者,"现实世界"和"虚拟世界"这两个元素将他们一网打尽。餐厅通过微信平台与顾客在线上交流,同时这些意见在线下的实体店消费中将得到体现。

总之,顾客满意是餐饮赖以生存的基础,营销管理者要统计顾客满意情况,测算顾客满意率,同时还要将本餐饮的顾客满意率与竞争对手相比较。

只有保持较高的顾客满意率,餐饮才能获得满意的收益,才能保持长期发展的后劲。微信的出现能更好地实现精准营销,实现餐厅对顾客的一对一服务,让顾客从消费者变成回头客,从回头客变成常来客,从常来客变成忠诚的粉丝,忠诚的粉丝通过自己的实际体验向朋友推荐,实现口碑营销。

# 5.微营销的世界——旅游行业的微信营销要怎么操作?

随着智能手机的不断普及,手机上网已经成了家常便饭。你走在大街上,人人手中都拿着手机,不是刷微博,就是玩微信;不是登QQ,就是手机游戏。而渐渐的,电脑却贬值了,只是上班的一个工具。手机的世界在快速地发展,手机上的软件也在不断地更新,而当下使用微信的用户也越来越多。但随着上亿用户的使用,这将对各行各业的营销宣传带来很大的转变,微信市场已成为下一个电子商务时代的营销重点。

那么,作为旅游行业,我们该如何把握微信风潮,利用微信做好营销呢?

下面主要为大家谈一谈关于生活中"吃、住、行、游、购、娱"六大元素中的"游"——"景区"营销方面如何运用好微信进行营销。

**(1)让游客即时有效地得到旅行信息,使宣传更具针对性。**

在微信公众账号中,将各个景区地点等信息全部整理好,做成自动回复的模式,是目前看来最为有效方便的一种方式。可不要小看了互动,有很多旅游同行通过自动回复成功引导游客实现了旅游产品的预订。在互动中,粉丝们常会试探性地发一些话来"挑逗"公众账号,这时比的就是谁更会卖萌了,给用户最好的体验度是首要任务。在微信上,与粉丝之间的互动,能够拉近商家和顾客之间的距离,既不会像电话营销那样受专业术语束缚,又不会像E-mail营销那样枯燥无味,并且没有任何回应。在此互动中,商家可以收集到用户可能会问到的关键词,并将其做成规则以及菜单,引导用户去查询,这样就能让用户更快速便捷地查询到自己想要的信息。给用户以方便,就是给自己方便。

**(2)让用户可进入站点查看完整信息,更具有诱惑力。**

适当地在推荐的文章结尾处放上线路报价并附加该线路的购买网址,用户就会在不知不觉中被引导过来。是不是很方便呢?但微信公众平台目前有一个弊端,就是发布过的文章只能通过主页查看历史消息来获取内容,操作繁杂且体验不好。粉丝不能简单地看到发布的文章,无疑会降低粉丝对账号的兴趣和忠诚度。旅游本身是一个体验之旅,风景永远不会过时,美文永远不应沉睡,可以借助第三方平台,来为旅游品牌提供更加人性化的服务——发布美文、文章分类、内容沉淀,无论是电脑端还是移动端,即使是跨屏也能给粉丝带来完美的体验。

(3)让发布的内容形式变的多样化、趣味化,吸引粉丝的关注。

如何让微信公众号更有号召力和知名度?答案是"内容为王"。但内容不仅仅限于文章、图片等,一个好的活动也属于内容的范畴。想去一个地方,却迟迟没有成行。如果微信上每天都收到这个目的地推送的诗一样的介绍、震撼级的图片,还有隔三岔五的优惠券、好活动,那用户迟早有一天会忍不住上路。

在这里,建议旅行社可以发起活动大幅度鼓励消费者使用公众账号来报名参团,每个团结束之后还可以通过调查问卷的活动方式,让消费者通过微信填写意见反馈,评价旅游企业、领队、导游、路线、住宿等方面,而不是像以前那样只能打电话投诉,投诉了之后还不一定能够解决问题。

此外,消费者们可以通过公众账号发布自己此次旅行的感受、游记或者是美照,公众账号通过收集整理之后群发给订阅用户。越有趣越新鲜,或是越便利越有内容的公众账号,越能够获得消费者的持续青睐,而不仅仅只是通过发布旅游资讯、景点介绍这一种方式与用户沟通。此举能加强旅行社和消费者之间的互动,为消费者二次消费大大地加分。

# 6.娱乐行业怎么进入微信的"营销盛宴"?

对于不少企业来说,微信所带来的无疑是一场营销盛宴。看见满大街的二维码,看见别的企业各种微信平台的运用,酒吧、KTV等娱乐行业的老板应该怎么抓住微信营销这个平台进行宣传呢?

深圳IKK是一家专注于高层次健康休闲娱乐领域的民营投资公司，秉承着时尚、健康、个性的文化理念，以深圳市宝安区为核心市场，目前已在西乡坪洲、固戍、臣田、前进路成立了4家量贩KTV。公司老板了解到微信营销的价值后，便开始在"微云端"的大力支持下试水微信营销，用户可以通过微信直接进行包房预订、充值消费，配合优惠券、刮刮乐、大转盘、会员卡等线上线下营销策略，增加了用户的黏着度，提高了KTV的盈利点，微信营销平台上线不到一个月，粉丝数就已经突破1万人。老板感言："微云端是一款优秀的微信营销工具，为我们IKK吸引了很多好奇的目光，平台上线的第一天，因为刮刮乐一项，就增加了1000多粉丝。这些人因为好奇而来尝试，最终变成了IKK的客户，变成了帮助IKK传播口碑的常客！"

　　王小姐是杭州某KTV的会员，也顺理成章地关注了这家KTV的微信。前段时间，她收到一段语音，打开一听，竟然是自己喜欢的某歌星的语音祝福。"很激动啊，第一次收到这样的祝福，很新鲜。"之后，王小姐还参加了该KTV在微信上举办的卡拉OK大赛，把自己唱的歌上传上去，可以分享，也可以参加评选。

　　"感觉挺好玩的，以前只是把KTV当作单纯的消费场所，但现在感觉像是可以和我一起玩的一个朋友。"王小姐说。

　　对于KTV、酒吧等娱乐会所来说，微信营销由于高到达率、高曝光率、高接受率、高精准度、高便利性等特点，在这类行业中具有极高的性价比。

　　(1)现在已有多家酒吧使用微博大屏幕，但使用微博不如使用微信容易累积更多用户。

　　(2)利用微信的抽奖和陪聊功能，可以让现场人员更多地参与到活动

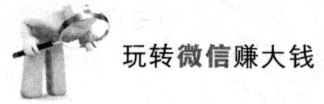

中来。

(3)酒吧利用各种宣传来实现会员累计,为后期的图文信息发送打下了基础。

针对酒吧订制,微信的功能有:

(1)会员加入微信后,回复昵称来显示其用户名。

(2)回复第一张图片为其头像,回复第二张图片为现场照片。

(3)直接提交内容:XX酒吧#内容显示为微信大屏幕内容。

(4)回复抽奖可以参与当天晚上的抽奖活动,中奖奖品到前台领取。

(5)回复活动,可以获得近期活动信息。

(6)回复地址,可以查看最近的酒吧分店。

(7)回复笑话,可以查看最近的酒吧笑话。

(8)回复陪聊,可以使用机器人帮你聊天解闷。

(9)回复图片,可以查看近期上传的图片。

(10)回复上传,指导你上传最新自拍照片。

(11)每周一次酒吧新闻速递。

亮点:

(1)结合微信,可以让更多人实现订阅。

(2)结合微信大屏幕,可以将更多内容显示在大屏幕上（文字或图片）。

(3)结合微信大屏幕抽奖活动,可以定时抽奖,让更多用户来参与。

(4)结合微信自玩的抽奖活动,可以让用户自主玩乐。

# 7.品牌生存法则:微信营销的五个方向

微信飞速增长的用户量越来越吸引品牌的目光。根据腾讯公布的官方数据,2013年11月,微信的用户总数突破了6亿,日活跃用户数超过1亿。这超过6亿的用户中,74%为20～30岁的年轻人。

除了庞大优质的活跃用户,微信吸引品牌的另一个原因是这里尚未被各种边栏广告、僵尸粉和推送信息狂轰滥炸。微信本身也在有意控制,唯恐它不断扩大的用户群因为受到品牌的过度打扰而心生不满。

2013年8月微信升级为5.0版本之后,原先的公共账号被分为服务号和订阅号,前者每月只能推送一条信息,后者虽然频率放宽到每周一条,但会和其他许多品牌一起被折叠进一个文件夹里展示,以便让用户的界面变得更干净。

数字营销的广告公司AKQA的执行创意总监友汉·瓦奇迪斯认为微信的这种做法"值得尊敬"。"这第一批原始用户非常宝贵,而微信是个新平台,我们需要先分析和学习,不能丢掉他们任何一个。"友汉·瓦奇迪斯说。而最终AKQA得出的结论是,由于微信相对私密和个人化的特点,那种不断给用户推送信息的模式在这里很难行得通。同时他们也发现,微信提供给品牌和广告创意者的API非常有限。

这种矛盾复杂的心情几乎是所有品牌面对微信的感觉。它们一方面在"自律",不想重复过去在微博上那种以推送品牌资讯为主的模式,但另一方面,许多创意又受到平台本身的诸多限制。这些早期的合作都带有"实验"的性质,基本都是利用微信二维码、语音等特点做一些娱乐性

的延伸。但随着尝试次数的增加,品牌们都意识到了一个越来越明晰的方向——提供服务。

微信毫无疑问是个诱人的平台,甚至它对待品牌不完全开放的态度也被视为一种优势。但同时,这其中又充满了各种隐匿在幕后的谈判和突破,让微信这个新平台上的营销法则变得有点难以捉摸。

在各种大公司的微信营销尝试里,我们最后归结出5个方向。

**(1)智能服务平台。**

招商银行信用卡中心为了真正做到智能化,引入了"小i机器人"。这个机器人最大的特点是提供Siri那样的自然语义问答,还能进行自我学习。"刚上线时,该系统知识库回答问题的命中率只有70%,如今已经达到了98%。"招商银行信用卡中心客户服务部副总经理范雨说。其服务项目每月更新,从最初的消费提醒到如今有基于LBS功能的网店查询、语音识别等功能。头像设置成一个清新活泼的年轻女性形象,拉近了和用户之间的距离。

据招行内部曾经做过的统计数据表明,一个比较熟悉电话银行菜单的用户,从拨通电话到查询信息需要60~80秒的时间,而微信则是3秒钟,大大提高了用户服务效率。

智能服务平台的前期成本较高,招商银行信用卡中心光专门维护知识库的团队就有10人,另外还有项目团队、开发团队,才能负荷每天20万次交互以及60多万次交易提醒的量。"这个投入和呼叫中心系统相比,也不是很高。这次做好一整套后台,将来手机QQ甚至易信都是很轻松的事情。"范雨说。

除了招商银行之外,目前还有南航、东航(微信查询航班号、办理网上登机牌等等)、上海大众(微信可预约试驾)等。

建议:对于被各种品牌广告资讯包围的消费者来说,用"便利你生活"这样的理由的确能让他们在一个私密社交平台添加一个企业账号。但常常被忽略的一个前提是,这样的服务必须真正做到足够"智能",同时又"不打扰",否则人们会毫不犹豫地将其删除。

**(2)移动商务。**

微信5.0更新的一个重要功能是安全支付,用户可以在微信应用内绑定银行卡进行支付。如麦当劳推出3元的微信专享版茶点卡,用户可以购买自用或者赠送给微信好友。使用微信安全支付成功后,用户会收到一个二维码,在一定期限内到门店刷二维码,即可享受买一送一的优惠。

但友汉·瓦奇迪斯认为,支付不一定要小额:"我觉得微信的未来是,你在上面可以定制一辆自己的车,分享到朋友圈,大家都留言给你建议,然后你就可以直接在微信上买下来,搜索到附近的4S店,预约好时间去提车。"

建议:尽可能简便快捷。每个用户在支付这个环节考虑的首要问题都是速度。麦当劳的做法还是复杂了。

**(3)Mini站或者应用的替代方案。**

微信5.0新增的菜单功能让企业公共账号变成了一个小型官网或者应用程序。这对于一些中小型企业或者创业公司来说尤其实用。

专门为中小公司提供微信营销解决方案的公司微俱聚认为,通常品牌自己做一个应用程序的成本至少在20万以上,即便做出来也不一定有用户来下载使用,而微信相当于一个现成的移动方案。

与生硬的推送信息相比,把资讯和功能嵌入菜单里,让用户自己去探索是一种更加温和有效的形式,不少品牌如今已经在底部放上了菜单功能。而且即便是订阅号,利用微信现有的API,你也可以发起一些简单的活动,包括发起话题讨论、在线调研、基于LBS功能的服务、在线预约等。

建议:不要试图往微信账号中一次性放入太多东西。毕竟这里只是个满足最基本需求的平台,在适当的时机可以提示用户客服电话、门店信息等。

**(4)内容交互。**

这是最基本但也相当具有挑战性的功能。

一般来说,品牌都会利用微信本身的UI(用户界面)特点:大图片、标题和简要介绍,适合碎片时间阅读。因此,文字和图片的编辑呈现形式非常重要。目前在微信里的阅读界面还没有出现太好的范例,大多数人都是为了阅读本身,很难从界面上获得愉悦感。

另外,也可以利用微信设定关键字进行自动回复的功能去不断引发人们探索的兴趣。时尚类品牌可以是流行色,美食类可以是各种食材和菜系,总之,就是要善于揣摩消费者的需求和喜好来尽可能给出回应。

另一种信息推送是单向的,其中最突出的便是自媒体。有人已经开始讨论这是不是会对传统媒体构成挑战,但不管怎样,内容为王的原则依然适用。

建议:没有什么比一个用户加了公共账号之后,只能收到广告来得更让人沮丧的了。

**(5)客户数据管理。**

在微信上利用双方的数据库进行企业客户管理是所有品牌都在谈论的未来努力方向。

基本就是利用微信甚至腾讯的用户数据,结合品牌本身的数据库,对用户进行分类,进行精准营销,并对特定用户提供特定服务。

"Facebook也有类似的系统。而且微信加入了支付功能之后,它们的数据也变得更有价值了,不仅有线上的,还有线下的部分。而且,对于中小企业来说,自己搭建会员平台成本太高,可以直接用微信作为会员平台。"JWT上海互动传媒总监邱有仁说。

微俱聚已经帮助深圳一家百货公司在微信上做了会员卡,扫描二维码就能添加商场的账号并获得电子会员卡,输入个人信息之后,消费者就能凭卡获得商场内多家店铺的优惠。而商场同时也获得了会员的个人信息,为日后的营销打下了基础。

银行在客户分类管理方面有着非常多的积累和经验。"今后,如果我们再推有关积分兑换星巴克咖啡的活动,我们希望能做到只给那些在咖啡店消费过的用户,或者对咖啡感兴趣的人推送活动信息。否则,对于另一部分人来说,这就是一种打扰。"范雨说。

建议:如何确保用户没有一种"自己的隐私被利用"的厌恶感非常重要。即便有人愿意为服务让渡一部分隐私,但必须以非常尊重的方式提出。后台处理虽不可见,却是决定服务最终质量的前提。

延伸阅读:

## 微营销人才需求井喷
### ——服务、餐饮和娱乐业需求最盛

资深猎头沈敏跃2013年可谓有喜有忧。喜的是,这一年,微信、微博营销的人才需求出现了井喷之势,就这个刚刚出现的人才门类,2013年已经接到了七八单生意;忧的是这方面良才难觅,做成功的单子还不到一半。

**懂微营销的人成了"香饽饽"**

2013年上半年,一家婚庆公司的老板找到沈敏跃,急迫地想找一个能做微信、微博营销的人才,开出的薪资是年薪18万外加奖励提成,要求3个:全日制本科毕业3年以上;有微营销方面成功经历;有及时带动销售经验。

这家公司的年销售额1500万,但这两年遇到了发展瓶颈,如果按照传统的销售模式,企业要再上一个平台显得很吃力。这时,老板把眼光投向了微博、微信营销领域。因为这方面营销如果做得好,不仅投入少、效果

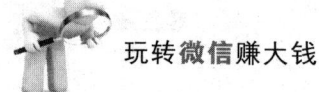

好,更重要的是,爱玩微博微信的大多是年轻人,这和公司的目标客户群非常吻合。

看似简单的条件,却让沈敏跃犯了难。微营销是这两年才兴起的行业,公司里甚至还没有这样的人才数据库。目前社会上已经做出成功案例的微营销人员,薪水起点非常高,而大部分的从业人员却还都在起跑线上。

"目前来找这方面人才的主要集中在服务、餐饮和娱乐业,我们接到的单子中,除了婚庆公司,还有游乐园、做有机农业的公司等。"沈敏跃说,"大多数公司开出的薪资集中在10~30万之间,其中15~20万的最多。"

纵然客户不少,但沈敏跃直言这个生意并不好做。"对猎头来说,如果人才的需求是10分,供应量是7~8分,那就意味着有较高的成功率。但微营销这个行业,虽然目前的需求有10分,但供应只有2~3分,相差太过悬殊,不容易达成真正的成交。"

**线下销售疲软转做线上营销是主因**

沈敏跃归纳了一下,目前来找微营销人才的企业有一些显著的特点:80%是中小企业,大多是面向终端消费者的销售型企业,近期都处于从传统的线下销售往线上销售转型的阶段。另外,虽然沈敏跃所在的公司业务是面向全省的,但来找微营销人才的基本上是杭州的公司,这与杭州是全省的营销中心不无关系。

"今年有许多企业的线下销售疲软,尤其是门店、商超等下滑得厉害,于是大家都把希望放在了电商领域。"沈敏跃说,"一方面是加强B2C的销售,一方面则是利用微博、微信等社区分享类工具来做营销。不过,现在B2C的营销成本越来越高,所以大家对微营销更寄予了厚望。"

另外,还有一部分企业虽然对微营销没有寄予太直接的销售目的,但是拥有一个微博账号加一个微信公众号,就像在传统互联网上要有一个官网一样,已经成为了许多企业的共识。

"其实大众关注的热点将来怎样演变谁也无法预料,但是在现在的潮流趋势下,在微博、微信平台上有一个企业的官方账号还是必须的。"万事利集团负责品牌推广工作的相关人员告诉记者,"就拿我们的微信公众号来说,订阅者中一部分是员工,一部分是公司的客户和关心公司的人,微信可以宣传企业文化、推广品牌,也可以服务客户,是维护关系的一个很好的工具。"

这似乎代表了很大一部分公司的态度。比如主营房产营销的翰博机构,2012年上线了楼盘点评网站房说说,很快又同步推出了房说说的微博和微信公众号。可以看出的是,在这种趋势下,微博和微信的营销人员将成为一般公司的"标配"。

### 预计供需两三年后平衡

为了找到合适的人才,沈敏跃把眼光瞄向了杭州一些做得比较超前的商贸流通企业和高校MBA毕业的人。几个月之后,为那家婚庆公司找的微营销人员终于到位,计算机专业毕业,深谙互联网,有营销工作经验,还有不错的文字功底,双方都比较满意。

"目前微营销真正做得好的人,还是从传统的策划和营销人才转型过来的。"沈敏跃说,"他们有实物销售和线下营销的根基,这样转做线上营销不会没系统。而且年龄最好在28~35岁之间,这个年龄的人有经验又有冲劲,还有对互联网的熟悉与热爱。"

不过,目前也有很多公司的微营销人员都由原来的企划、品牌人员兼任。比如负责万事利官微的就是集团的品牌推广人员。"微博和微信作为品牌宣传的渠道,本来就是集团品牌工作的一个组成部分。"这位人员说,"微博和微信兴起也就是这一两年的事情,大家都只在摸索阶段,也很难讲外面聘请的一定比自己的人员多多少经验。"

这样的观点, 或许代表了目前不少没有选择外聘微营销人员的公司

的想法。翰博机构的房说说的微博和微信账号,也均由公司原有人员在运营。相关人员告诉记者:"一方面作为策划公司,翰博本身就有一支完整的运营、编辑、设计团队,像图片设计等许多工作,本身就是相通的;另一方面,对于微营销一块大家都在探索中,不仅是优秀的人才难找,甚至都没有一定的标准来界定对方是否是人才。"

而这样的企业也成为了微营销人才成长的土壤。"预计再过2~3年的时间,微营销领域的人才建设能跟得上行业的发展。"沈敏跃说,"毕竟企业依赖人才才能得以发展,而人才也需要通过企业这个平台才能得到锻炼和成长。"

# 第四章

# 朋友圈的商业金库

## ——如何和客户交朋友

　　微信是强关系的代表,它点对点的形态注定了其能通过
互动的方式产生更大的价值。利用互动与用户建立联系,成
为朋友,让企业与用户之间不再是冰冷的关系——你会相信
陌生人,还是信任你的"朋友"?

# 1.让商家们不再坐等顾客上门——朋友圈开辟新销售方式

"亲,本店已到新货,数量有限,喜欢就赶紧拍下来哦!"只要拿出手机看看微信的朋友圈,往往就能选到自己心爱的物品。

随着"朋友圈"等功能的推出,许多年轻商家将营销平台瞄准了微信平台。他们通过微信"朋友圈"发布产品照片加上详细文字信息,使得这一免费广告更加立体化,好友之间的相互分享还会使微信逐渐释放出圈子效应,让商家们不再坐等顾客上门。

**小微信为商家们开辟了新的销售方式**

近段时间,开服装店的林小姐生意特别红火。她的秘诀是把微信"朋友圈"也作为其中的一个销售平台。

林小姐表示,以前她只是通过传统方式销售,虽然有固定的老顾客,但销售量并不尽如人意,还曾一度陷入"瓶颈"。后来,她无意中将自己试穿新装的照片分享到微信"朋友圈"。出乎意料的是,不仅"圈里"的朋友对其试穿的衣服进行了点评,连朋友的朋友也通过转发看到了这件衣服,询问衣服的相关信息。

短短几天,林小姐的这款衣服就售罄了。如此一来,林小姐受到启发,此后每每新款到货,便将服装搭配好拍照,然后利用"朋友圈"进行传播。"我的微信有300多个好友,现在只要新品一到,就会有不少老顾客领着朋友来店里看。"林小姐说。

不仅是林小姐,如今,许多年轻商家们也瞄准了微信"朋友圈"这一平台,做起了"朋友圈"的"熟人"生意。商家们拿出手机打开微信,添加周围的人为好友,然后在朋友圈刷新自己的货物图片,当遇见有人有喜爱的货物时,互相联络好后,买家通过支付宝或银行汇款先付一部分订金或是全款,之后卖家再安排送货。

因为是"熟人"生意,也有不少是当面交易的。目前通过"朋友圈"出售的商品多以化妆品、服饰、鞋包等为主,有全职卖家,也有兼职卖家,还有部分卖家从帮忙代购发展成全职代购。通过这种形式购物的消费者,通常以年轻人居多。

"为了方便顾客加微信,我特地选了个方便记忆的微信号。"缪女士经营一家美容护肤连锁店。近来,她的主要工作之一,就是给前来做皮肤护理的顾客拍照,并将护理前后的对比照分享到"朋友圈",进行产品的宣传推广。同时,她还会在"朋友圈"上分享一些护肤心得,通过微信聊天随时接受顾客的咨询。缪女士说,通过"朋友圈"能够产生良好的辐射效应,比传统宣传、促销活动更直面,更有吸引力,增加了店家与顾客的"黏性"。

微信营销不仅为商家带来了经济效益,也为爱购物的人提供了便利。"现在,去逛街前我都会通过微信问店家有无新货、折扣多少,比上网、打电话更方便。"26岁的小刘是个微信控,手机上加了好多家店的微信,她感觉微信不仅好玩,还很方便。

然而,微信营销给商家带来效益的同时,也给部分人带来了困扰。

"想要进入朋友圈,了解一下朋友近况,结果都是营销广告!"周小姐称自己是个十足的购物狂,经常在购买商品后,应店家要求将店主加为

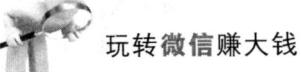

微信好友,以便第一时间掌握新品动态。起初还有兴致看看,但随着此类"朋友"的增多,每次都要从满满的新品宣传和到货通知里搜寻闺蜜发的状态,时间一长,周小姐觉得与自己真正好友的"距离"反而远了。

温佳是微信的忠实粉丝,平日常通过微信晒生活中的所见所闻和感悟,闲暇时也喜欢翻微信看朋友们晒生活。温佳觉得,平日大家都各忙各的,微信的朋友圈在一定程度上拉近了彼此间的距离。不过,最近使用微信时她发现,朋友圈内有朋友通过微信做起了"买卖"。温佳告诉记者,在她的朋友圈里有一位朋友,虽然平日联系不多,但以前会经常看见对方在微信朋友圈发些小清新的文字、图片等晒生活,有时看着对方发的图片和文字,她还会小羡慕一阵。可是最近一个月,这位朋友的微信朋友圈更新十分频繁,几乎每天都以十多条的速度更新,而更新内容不再小清新,而是卖起了衣服、饰品等。

无独有偶,白领丁如也有两位朋友通过微信朋友圈卖东西。由于都是朋友,两人平日相处很融洽,丁如有时还会帮着把两位朋友的商品向自己的朋友们推荐。时下在微信朋友圈卖东西不是什么稀奇事儿,她身边几乎每个人的微信朋友圈里都有两三个朋友在卖东西。

### 淘宝太重,微博太吵,朋友圈卖家"刚刚好"

腾讯官方表态称微信不是营销工具,营销机构和网站对微信的营销变得谨小慎微,而一些敏感的普通用户则开始在微信朋友圈做起了小范围的电商生意,这种不起眼的方式为其中一些人带来了不小的收益。

卢柒柒在微信上做的是泰国佛牌的生意,售卖一些佛牌、古曼童、心锁等宗教产品,最主要的产品是古曼童,这是一种来自东南亚的"佛童子",经过高僧或法师加持,供信善人士供养以保平安。

目前,卢柒柒聘用了十几名员工,每人运营一个微信账号,每月流水在50～100万元左右。

不过,这个业绩并不是平地起高楼。卢柒柒的佛牌生意已经做了好几年,此前她在淘宝有70多家店铺,销售和现在朋友圈一样的产品。"淘宝赚的是辛苦钱,当初做淘宝店积累的引流技巧给现在的生意带来了很大帮助。"卢柒柒说,现在微信上的收入已经比淘宝店高,她已经放弃了淘宝店,使用微信+微博的组合方式进行销售。

用户在卢柒柒的朋友圈除了能看到各种产品,还可以看到关于佛牌、古曼童的一些知识,以及她个人的生活分享,并且可以和她直接交流。卢柒柒称,微信上的信任度比淘宝高,现在她的大部分客户都是通过银行卡直接转账。

宗教产品有一定的特殊性,不过卢柒柒并非个例,她表示在这个行业里精英很多,她并不是唯一的成功者。

除了专职的"朋友圈卖家",还有一些用户在朋友圈兼职做着"小富即安"的生意。卖家Archillea利用业余时间在朋友圈销售一些女装,每天投入两个小时左右,月收入维持在3000～5000元。

Archillea并没有自己的淘宝店,而是将淘宝上找到的图片直接发到朋友圈,有用户购买后,她直接从淘宝店采购后发给买家。Archillea说:"每单大概能赚几十块钱,成本比从服装批发市场采购要低。"


微信基于熟人关系的营销已经显现出了真正的社会化电商的威力。阿里巴巴此前多次试水社交均以失败告终,最后干脆下狠心入股新浪微博,完成了社会化电商的机构性布局。

相比起淘宝,微信朋友圈的运营成本和操作难度要低得多,用户可以直接拍照手机上传,不需要花钱购买流量,没有搭建和美化页面的过程,并且与买家进行随时随地的直接沟通。此前淘宝扮演C2C中的"2",而现在微信承载起了这个角色,资深营销策划宗宁认为,微信朋友圈可能成

为电商C2C模式的升级版。

卢柒柒放弃了淘宝店，使用微博为微信引流，而Archillea则直接将淘宝变成了货源。尽管这些用户的"叛逃"并不能给淘宝帝国带来一丝影响，不过沦为他人嫁衣的局面也使得淘宝颇为尴尬。

卢柒柒、Archillea均表示，微信上很多用户基于信任关系直接转账完成交易，并没有通过支付宝等中间环节。

"微信上很多是熟人关系或者熟人介绍的关系，本身就有一层信任在里面。"Archillea说。

微信基于真实人际关系的营销一定程度上缓解了网购的信任风险，目前微信朋友圈的客户大多来自熟人和熟人关系介绍，卖家不好意思向熟人销售有问题的商品，不靠谱的卖家也很难拓展自己的用户群。

不过可以预见的是，随着更"老道"的玩家加入，会出现更多给微信引流的方式，随之可能出现更多基于陌生人关系的客户，评论的不透明和信用机制的缺失容易让一些不良商家钻空子。

另一方面，由于进入成本低，未来将有更多Archillea这样的用户成为"朋友圈卖家"，使得这一方式的可靠性降低，同时对普通用户而言，将会在朋友圈看到越来越多的营销内容，进而使得自己的朋友圈变了味，对第三方营销抱以保守态度的微信是否会对此进行约束也很难说。

目前来看，腾讯忙于PC端的电商战场，在移动端的电商布局也集中在基于"扫一扫"的入口级功能以及基于位置的本地生活服务，对于朋友圈电商的未来或许腾讯也未必看得清楚，所以暂时持开放态度。不过，随着这股风潮愈演愈烈，无法纳入现有电商格局，还会破坏用户体验的朋友圈营销也面临一定的风险。

# 2.朋友圈"圈金"的入门手册

　　越来越多的人开始利用微信的朋友圈推广自己的产品或服务，更有一些小企业打造了朋友圈营销的成功案例。可见,朋友圈的价值被更多的人意识到了。它的价值在哪里,我们下面就来详细分析一下。

　　首先,还是信息曝光率问题,微信超过了微博。我们在朋友圈发一条消息，基本上会被80%以上的人看到。微信的好友都是基于朋友的强关系,更容易信任,互动方面也超过普通微博,和QQ空间差不多。QQ空间更多的是适合于桌面端,而微信朋友圈在移动端则有明显优势。从推广产品的角度讲,微信朋友圈的效果优于QQ空间。比如,我们在朋友圈委婉推荐了一款产品，需要的人可以马上留言或者发消息给微信主进行交流，而QQ空间相对独立。

　　其次,也是最重要的一点,是可以被无限的人添加为好友。目前个人微信可以加多少个好友尚不清楚,但是可以被无限的人添加为好友是肯定的,像QQ的单向好友一样。到这里,大概价值已经明了。

　　第三,如何来做一个营销微信号呢?需要注意些什么?这或许是我们很关心的问题。

　　先说名字和微信号，有的人将名字取为企业的名字或者淘宝店铺的名字,这是很不可取的。一般人都不太愿意加一个企业号为好友并准备着天天被营销,所以取一个个人的昵称会比较好,大家更喜欢的是一个真实的人。微信号越好记越好,方便别人加好友。头像也尽量用"真人"头像,当然,可以不是自己的头像。

这些基本的东西设置好之后就可以开始加好友了。

**如何快速积累上万好友**

积累自己的好友数量是非常重要的环节，好友的数量和精准程度非常关键，和我们后期推广产品的效果关系很大。那么，应该如何快速积累上万的好友呢？

下面简单介绍一些方法。

(1)利用资源推荐。

如果你有上万粉丝的微信公众号或者几十万的微博号，那么利用这些资源推广一下，就能很快积累到数量可观的好友。如果没有，只要你愿意花钱，也可以找到许多人帮你推广。

(2)将自己的QQ好友加为微信好友。

如何寻找目标人群并将他加为好友呢？除了宣传自己的微信名片让别人主动加我们之外，我们也可以主动出击。QQ群是按照特定群体进行分类的，我们可以通过QQ群来找到各个行业的人群，也可以通过查找好友找到相应地区或者年龄段的QQ并加为好友。

加为QQ好友之后，再将这些QQ好友添加为微信好友即可。添加好友的时候备注还是要填写的，可以好好琢磨一下，以便更容易通过。同时也可以把这个QQ和微信同名并利用，不浪费资源。这里介绍一个小技巧，可以通过电脑端直接加对方为好友：将鼠标放到好友头像上，找到微信的图标点击打开就可以加好友。也可以通过这个方法找到自己的名片地址，然后将自己的名片地址在QQ群等其他地方推广。

(3)将手机通讯录的人加为好友。

有的人可能拥有自己客户的手机号码资源，那么如何更快地加这些人为好友呢？将手机号码资源用txt或者office格式整理好(具体根据导入的软件来设置)，就可以用豌豆荚或者QQ手机管家导入到手机通讯录上了。

导入之前,先取消自己的个人微信号与自己所用手机号码的绑定,然后再导入生成手机号码列表。导入完成之后,再重新将自己的个人微信号绑定自己所用的手机号码。这时,腾讯就会向你导入的手机号码列表中,已经开通了微信的人发一条推荐的信息,如果对方有兴趣,就可以点击添加你为好友。

(4)通过自动打招呼等软件来进行批量添加好友。

这种软件的好处是自动化,可以定位自己想要的区域的人群进行打招呼加好友。但是腾讯会对此进行限制,稍有不慎微信号就会被封。具体现在什么情况,大家可以搜索相关微信打招呼软件了解。

**如何设置基本要素**

在做微信朋友圈之前,你要先想想,你要做什么,这就是定位。

不管你是要树立个人品牌,还是通过朋友圈卖产品,卖服务,首先你要明确自己究竟想做什么。

**第一步:设计一个有个性的名称**

有人设定名称时,前面加很多A,或者0,这样其实是很遭人反感的。难道为了让你排在好友的通讯录前面加个A,就证明你营销成功了?

所以,在一开始,你就要定位好你的微信名称。

实名是最好的,能让人很快产生信任感;即使不是实名,最好也是能反映你个性的,或者是你用了很长时间的网名。只要一定下来,就不要随意去更换。这本来就是个人品牌的一部分。如果你经常将名字换来换去,今天叫欧阳锋,明天又叫江南七怪,那你到底是谁?就如同你经常换电话号码,你觉得你可信吗?

另外,当你看到这样的微信名称:XX代购、XX包包,你会不会加他为好友?

换个角度思考一下,如果是你,你会不会加这样的微信好友?除非你是对产品特别有需求。

关于微信名称,从一开始就要按照打造自己个人品牌的思路去定位。

**第二步:头像和背景墙**

头像定位和名称定位一样,从一开始就要按照打造自己个人品牌的思路去定位。

此外,还有一个小细节应该注意,那就是背景墙。

现在仍有营销大师这样在教:设计你的微信背景墙,做成广告牌……

这里推荐的思路是:无销售式成交。今天,哪怕你的背景墙只是一幅山水画,只要对方觉得你可信,需要你的东西,他就一定能找到你。

相反,如果对方不信任你,甚至觉得你就是有意营销他,那么,哪怕你的背景墙放再多的联系方式和广告,他也不会打电话联系你。

将背景墙做成广告牌确实也有效果,能增加一次品牌曝光机会。但尽量弱化广告,展现一个活生生的、有血有肉的人,更有利于你的推广,并与对方建立稳固的关系。毕竟,他来关注你,看的不是你的背景墙,而是这个微信号背后的人可信度有多高。

**第三步:发布内容**

设计好了名称、头像和背景墙,接下来就是发布内容了。简言之,就是你需要通过这个账号做什么?是树立个人品牌,还是卖产品?

树立个人品牌,你对自己的定位是什么?是行业专家,还是细分领域明星?

你树立的个人品牌希望谁看到?看到你什么?

总之,你要通过这个账号告诉别人,你是谁,你是做什么的,你有哪些绝活,要通过这个账号全部展现出来。有这方面需求的人,就能很快找到你。

找到你后,他会去看你之前发布的内容,从而来判断你究竟是什么样的人。

那如果是卖产品呢?

微信营销，核心本质还是营销。只要是营销，就任何产品都能做，只是换了个平台而已。

对于产品定位，你要先想好自己有什么资源，可卖什么，产品卖给谁。

假如你卖面膜，那你的客户定位就是女性。如果再细分一些，是保养类还是功效类？这些客户，他们上微信的习惯是什么？他们喜欢看到什么样的内容？

定位好产品之后，剩下的就是做文案、找客户、服务客户的过程了。

微信，只是给我们提供了一个与客户近距离接触的空间，让我们与客户交朋友，显得更快捷方便。每天去赞一下、评论一下客户所发布的朋友圈动态，总有一天他会关注你。

所以，用微信和客户真心交朋友，你的营销，就能成功。

**如何快速入门朋友圈营销**

微信朋友圈给了草根和大牛同样的机会，可以说，只要你有想法，去执行，就可以通过它来卖货，甚至打造自己的长久生意。

那么，微信朋友圈的营销应该怎样去做？

初次接触朋友圈，当我们去着手做这件事情的时候，面临3个问题：第一是产品的选择，第二是找到有需求的用户加我们的微信，第三是将我们的产品卖给这些有需求的潜在客户。

产品的选择是我们所面临的一个最重要的问题。

朋友圈营销因为其性质，注定与淘宝有一定的区别。朋友圈是一个相对封闭的空间，没有太多的传播渠道，没有太多的流量导入，不太适合卖那种比较大众化的、主要走量的商品，比如袜子、鞋子、办公用品、日用百货之类。这类产品每单的利润不会太高，普遍在几块钱、十几块钱，而朋友圈的性质又决定了我们不太可能做到像淘宝那样的月销几千件，所以，我们应该尽量选择利润率稍高点的产品——当然，做批发的另当别论。

为大家举几个经过实践证明比较适合在朋友圈卖的产品：佛牌、佛珠、枸杞、瓷器、高仿A货的服饰、中高端面膜、国外代购化妆品等。

其实，可以操作的产品非常多，我们在选择产品的时候可以主要遵循下面几个要求：

(1)利润比较高(50元以上)。

(2)产品确实不错，最好可以带来重复消费或客户转介绍。

(3)最好是有一定水深、门槛的行业，不是那种消费者随便找个超市和药房都可以买到(并且很放心其质量)的产品。

(4)最好对货源有把控，这个把控是指有做代理批发的条件。

当然，规则是死的，人是活的，作为创业者，我们应该看懂这几条要求背后的意义，在你选产品的时候，根据实际的情况满足其中3条也可以。

选择好产品后，第二步就是考虑怎样让有需求的用户来添加我们的微信。简单地说，思考两个问题：

(1)什么人需要我们的产品？

(2)这些人在哪里？

当考虑好这两个问题后，我们就可以有N种方法来得到他们。竞价、分类信息、论坛发帖、百度知道、百度经验、百度文库、B2B(企业和企业之间的电子商务)平台做长尾词等，所有的这些都不过是引流的手段，我们的最终目的就一个，让这些有需求的人加我们的微信。

当我们选择好了产品，并且找到了有需求的用户，接下来就是最重要的一步：如何成交。

一句话，成交就是解决信任的问题。在微信朋友圈做生意，就是两个字：信任。

怎么让客户信任你？

比如，让他觉得你是专家，让他成为你的粉丝，这种信任前提是你确实有料。

再比如,每天分享你工作中的动态,让他觉得你是一个专注的、实实在在在你所经营的行业里面工作的人,他信任你,也就会信任你的产品。

又或者,和他成为好朋友,展现真实的自己,如果有足够的亲和力,你就可以这么干。

只要你肯想,就有无数个办法让别人信任你。举一反三是创业者的必备素质。

# 3.微信朋友圈的营销技巧——圈子如何决定票子

销售渠道是任何一个商人都渴望而又头痛的事情,如今微信朋友圈已经不仅仅是一种社交工具,还演变成了很多商人新的营销渠道。

有人说,朋友圈是个江湖,有卖艺的,也有卖药的,那么,在朋友圈里做营销到底有哪些技巧呢?

**那些成功的"圈客"故事**

事实上,高端朋友圈早已成为一个不见硝烟的营销战场。沈阳书法经纪人王涵义通过微信朋友圈将自己的字画销售量一个月内翻了一倍,这就是朋友圈的神奇力量。

(1)无意型:无心插柳柳成荫。

沈阳古玩商会副会长、著名的书法经纪人王涵义属于典型的"广告型圈客",他经常把自己的各种作品晾晒到朋友圈里,但是他的体会就是"硬性广告做不得"。朋友圈里都是好朋友,不能太刻意做广告,要掌握"无心插柳柳成荫"的技巧。

于是,他每天清晨早起,练字,写好一幅,就晒到朋友圈里,大家感念其勤奋,也都想着每天看看他的作品,所以宣传效果不错。

长此以往,他的书法作品渐渐有了市场,上门求字者络绎不绝。在最近的一场沈阳书画作品拍卖会上,他的作品拍得了每平尺5000元的价格。王涵义说:"微信朋友圈不仅是我与朋友沟通的工具,更是展示作品、交流书法行情的工具。"

**专家点评**:酒香也怕巷子深,在这个微信朋友圈流行的时代,应该充分利用这种工具,对于书画艺术品这样的项目营销尤其有帮助。"

(2)格调型:用生活日志感染旁人。

浪漫的紫色薰衣草,浩瀚的葡萄园,罕见的法国庄园红酒……这是红酒商马丽最近晒在朋友圈里的图片。这些图片完整地记录了她的法国红酒寻根之旅。这些晒在朋友圈里的图片很好地宣传了原汁原味的法国红酒文化,给每天关注她的朋友展示了红酒对于我们生活的意义。她从法国回来后,库存的两万斤红酒迅速售罄。

高端台茶老板迟玉全的朋友圈内容,都是她去台湾各大茶山游历的日记,写的特别文艺而浪漫,让人完全感受不到她是一个台茶销售商。比如,她写到阿里山茶时,是这样描述的:"这种茶就如含翠春山,嫩嫩的叶子如豆蔻少女的嘴唇般柔嫩,味道清新、甘冽,充满青春的个性……"很多朋友看后都非常感动。某个久战商场的钢铁大商人就如此评论:"看了这些文字,真想跟着你去台湾寻找好茶。"随之而来的,是她的产品销量持续增长,一点儿都不愁卖。

**专家点评**:红酒商和茶商属于典型的"格调型"圈客。这类圈客以茶商、酒商和文化商为主,他们的生意本质就是推广一种生活方式,销售产品也就是在销售一种生活方式。他们更自恋,相信自己的品位和专业性,相信自己的style(范儿),同时也倡导人们消费这种style。

(3)哲理型:谈人生中就把生意做了。

某保险公司高级经理任微,经常通过朋友圈传递很多健康常识,话题都是关于癌症、高血压等这些富人内心最恐惧的疾病。除了这个话题,她还谈很多人生哲理,短小精悍,但是很入人心。她从来没讲过自己发布这些话题的用意,但是她的很多客户都在关注这个朋友圈子。

时间久了,大家都觉得健康非常重要,也很注意财富规划,她的保险自然不愁卖。

**专家点评**:保险这类金融产品的销售,靠的就是信任,应该说,信任比黄金还重要。这个保险经理非常聪明,巧妙利用了目标客户的心态,利用朋友圈的信任优势和传播优势,得到了很好的营销效果。

**创富解读:圈子如何决定票子**

如今,微信朋友圈成为了一种新的营销渠道和工具,它背后隐藏着巨大的商机。我们谁也不能否认这个社会还是有一定层级的。正所谓交上品人,方能做主流事业,再说白一点儿,你的圈子决定你的票子。圈子多高,机会就多大,票子就会有多少。朋友圈营销有四点优势是其他营销方式无可比拟的。

第一,精准性。你的朋友圈一般都是依靠工作关系建立的,大家如果工作上没任何联系,就不会建立这种关系。对于营销而言,朋友圈能让你做到知己知彼,精准性特别强,减少了营销的盲目性。

第二,信任度。信任比黄金更珍贵,做生意,从白菜到黄金,都需要建立一定的信任度,如果没有信任,就没有长期稳定的客户。朋友圈的信任度建立要比其他方式更加快捷方便,减少了机会成本的投入。

第三,私密性。微博像个大客厅,大家一顿乱侃;但是微信却像私聊小单间,可以有机会静心营销,达到销售目的。

第四,影响力。朋友圈的影响力是其他途径无可比拟的,朋友传给朋友,这是典型的连环人际模式,让你的人际网在短时间内呈几何级数扩大。

### 五个关系圈,建立你的"忠实社区"

俗话说,有了好朋友,就有好收益。我们所谓的关系圈最初是针对私人关系设计的,既然已经发展了它们,在这个微信时代,我们就要学会经营它们,使它们适用于所有关系,包括个人关系和职业关系。

下面来谈一下,如何在海量的信息中,建立你的主要关系圈,建立你的忠实社区,并且不让那些无关紧要的关系骚扰到你,影响到你的生活。

首先,关系圈的想法是,你将当前和潜在的所有联系人都放在同心圆内,从与你关系最密切的人开始,一直移动到你都不怎么认识的外围人士。

画出圈子之后,就能更容易地看出你要转移到另一个"圈子"的那些关系。

(1)密友。

内层圈子,就是你的内层人际圈,或者你最密切的朋友。想要更进一步的话,你还可以对什么是真正的朋友做一个定义。密友是在生活中与你互敬互爱的人。

●你觉得可以放心地将自己内心最深处的秘密向他们倾诉。

●如果有需要,你可以借钱给这些朋友,也可以从这些朋友处借钱。

●如果你住院,这些朋友会赶来看望你;反之,如果他们住院,你也会去看他们。

●在需要的时候,你可以托这些朋友照顾你的家人和孩子,并完全信赖他。

●在紧急的时候,你可以随时召唤其中任何一个朋友。

●其中任何一个朋友都愿意送你去机场或去机场接你。

●你定期与这些朋友联系。

●你经常与这些朋友共度假期。

梳理之后,你可能会发现,只有一两个朋友满足最内圈的所有条件。

《美国社会学评论》的研究表明,25%的人一个密友也有没有;20%的人只有一个,而这个人通常是他们的配偶。但是,不论在最深的这个层次上你有多少朋友,请继续做这个练习,它可以帮助你看清在需要的时候如何"升级"自己的一些关系。

(2)朋友。

在你的第二个圈中,放的是你有固定交往、有共享兴趣的人。同密友一样的是,你信任和尊重这些人。建议你不要将你的Facebook朋友放在这个圈子里,除非你真正了解特定的人。理想情况下,你应该和这个圈子中的人全部亲自见过面,并认为他们是真正的朋友。你觉得可以和他们探讨你生活中的一些私密细节。如果你要举办聚会,会邀请他们。他们与你不像密友分类中的人那样亲近,但仍然相当密切。你对这些人的了解,要比他们在社交档案中公开的信息多得多。在任何时候,你都可以从第二个圈子挑出一个人来,选择和他发展更深入的关系。根据你本人的交际水平,这个圈子中可能有20~200个人。

(3)关键联系人。

从中心算起,第三个圈主要由职业上的联系人构成。也就是说,虽然你在特定的领域内(通常是指业务范围内)对这些人相当了解,但对他们的个人生活可能并不清楚,也可能了解很多。这个圈子中的人通常是行业专家,被视为"影响力人士",是你的金名片夹中的人,有些人可能是你最重要的客户。拥有这些联系人的私人手机号码可能让你感觉非常幸运,你可能和他们都面对面打过交道。通过他们,你可以访问到很多人,他们愿意给你提供支持,你对他们也是如此。如果你需要帮助,这些人会乐于响应并提供帮助。例如,你可能有一个大的推广计划,需要其中一位朋友替你向他的所有粉丝发一条微博、写一篇博文,或者撰写一条书评。

根据你线上和线下的联系水平,你在这个圈子中可能只有少数几个人,也可能有100个或更多人。你可以随时主动在线上或线下联系这个圈

子中的任何一个,也可以将他们转移到内层的圈子。

(4)相识。

这可能是你实际认识的最大的人际圈。这个圈里包含你泛泛认识的每个人,包括在你的微博上出现的朋友的朋友。你的线上社交网络中的朋友/粉丝大多属于这个圈子。虽然你认识他们的名字和容貌,但对他们本身的事实,你知之甚少。但是,你可以与他们做一些线上沟通,许多人可能订阅你的博客或电子邮件列表。如果他们打电话或者写信给你,你要知道他们是谁。你可能和其中一些人做过交易,他们甚至可能是你现在的客户。你不必在这个圈子中写出所有这些人的名字,但你肯定可以将一些关键的名字放在这里,然后估计一下在这个圈子中总体会有多少人。你在任何时候都有可能在这个圈子中找到一个关键联系人,或者一个朋友。

(5)整个社区。

最外圈包含你还不认识的人——你的目标市场、潜在客户、你想加到自己线上社交网络的人以及其他人。在这个广阔的圈子里,最终会出现更多关键联系人、潜在的朋友,甚至一两个密友。

划分出自己的5个社交圈之后,现在该判断一下,你想将哪些人"升级",哪些人"降级"。下面是一些升级的办法:

●主办社交活动。办一次商业聚会,或在家开一个派对——邀请关键联系人。

●确定在下一次商业活动中你要会晤的具体人士,并事先与他们私下取得联系。或者考虑在商业活动的日程之外主持一个与其他活动不冲突的社交聚会,精心挑选几个参与者,以便更好地了解。

●主持一场免费的专业活动,在上面分享一些你的专业意见。可以邀请朋友、关键联系人以及相识的人。

●主持一场免费的网上研讨会,允许整个社区更好地了解你,你也可以更好地了解社区。

●在你的微博粉丝中找出一些在其专业领域中"前途远大"的人主动帮助他们。正如盖伊·川崎所说:"人人都有可能成为你的客户。"换句话讲,不要只与影响力人士和有庞大社交网络的人沟通并支持他们,相反,要平等对待每个人并支持他们。只有一个单纯的目的,就是向他们表达一定的善意。

●观察一些潜在的关键联系人的社交档案,对他们有更多了解,找出与他们的兴趣有关的独特而有意义的礼物,送给他们来深化你们的关系。

●养成手写提示卡并每周给5个人发送的习惯——没有任何功利,只是将线上世界带到有血有肉的线下世界的一个友好姿态。

五圈模式能够让你更加有策略、有意识地开展关系营销。但请记住,在打造关系的时候,一定要坚持不带功利之心,也不要期待回报。要相信互惠法则会自动激活,而事实也总是如此。但是,你的回报,不一定是从你投入的人身上得来,你只要向尽可能多的人展示并提供价值、帮助和服务即可。你在积累自己的"社会资产",它会给你以回报。

**建立忠实社区的6个步骤**

如今,社交网站成为了当前商业世界不可或缺的一部分,有无数的工具可以衡量你的影响力,如人人网、开心网等。

如果你没有一个真正能够被你影响的人际关系网,你就很难成为影响力中心。拥有较大规模的关系网并不意味着就一定会有影响力。

下面是能帮助你建立人脉同时提高影响力的6个步骤。

(1)建立一个高质量的网络。

在你开始建立自己的网络形象时,你需要主动联系下面这些人:

目标市场中的人;

符合你理想客户条件的人;

你真心仰慕并期望相识的人；

你读过他的书、参加过他的研讨会、订阅过其博客的人；

你愿意与之建立联系的人；

你的同行；

你的联系人；

那些能为你提供方便分享的精选新闻、行业资源、独特内容等优秀来源的人。

很多企业经营者都想走捷径，有的人会求助于自动化系统来一次性增加数百甚至上千的好友、粉丝，但问题在于你买不来忠实度。形成真正的网络社交资源需要一定的时间，所以，请先把精力集中在吸引更多高素质的人到你的网络上，久而久之，数量自然会上升。

(2)提供高质量的内容。

如果你能谨慎审核你精心挑选出的内容的来源，并不断提供能将你的专业领域与其他人的内容相结合的精彩资料，你就能成为内容管理者。通过分享他人的内容，你一方面为自己的受众提供了更广泛的信息，另一方面也为自己增加了联系人。不论内容放在(或来自)微博、博客，还是新闻源，只要你提供或获得高质量的信息，其他人就能将你当成信息库——优秀的资源。

(3)保持一致性。

要想持续提供有价值的内容，你需要采取频繁而一致的行动。提供信息的频率是至关重要的，这样受众会形成一个从你那里可以看到和学到什么的预期。假设，你完全通过你的网站博客、微博、微信这样的社交网站来创建你的个人信息，并且你平时定期地制作并分享高质量的内容，可是，出于某种原因，你突然消失了(可能因为工作上的项目或个人原因)，并且连续10天没有发布任何内容。虽然你可以有一段时间不发表博客，但微博和人人网上的受众通常只有一个非常短暂的记忆，如果你不能一直在他们面前出现,他们很快就会把你忘掉。你的任务是在他们脑中留下最深刻的印象,这样不论他们在什么时候进入你所在的市场,首先想到的人一定会是你。

不要妄想坐在计算机前就能变成影响力中心,并拥有一个能为你创造价值的关系网,你需要走出去,亲自去和人接触。你要让别人觉得,你本人与网上所建立的形象是一致的。这样,当他们见到你本人的时候,就会立刻产生熟悉的感觉。所以,你的在线品牌和个人形象应该是统一的。当然,你不需要过于极端,但一定要保持一致的品牌形象。

(4)真诚、可信赖、热情、关爱。

这里一连使用了4个形容词,这是因为它是一个至关重要的步骤。你必须关心别人,关心你的产品、服务和品牌,并尽量做到与众不同。这不仅适用于你与客户的关系,也适用于你与任何事情之间的关系。你必须承认万事万物都有联系,因为当你表现出真正的热情关怀时,它就超越了简单的交易关系。

(5)满足受众的需求。

你必须明确人们需要什么以及你自己能够提供什么。当你从战略上建立自己的网络形象、迎合客户和受众的需求时,必须尽一切努力向他们正在寻求的方向靠拢,而不仅仅是随意地与他们分享。毕竟,我们都不希望自己认为绝妙的创意在别人眼里毫无吸引力,不希望发现根本没有人在意你的点子,也没有人想要它、愿意购买它。

我们现在拥有与消费者联系以及与其他企业联系的渠道是件好事。不论你的企业是B2C类型还是B2B类型,你都可以从人们那里准确地找出他们的需求,确定他们最大的难点。然后,你可以用这个信息非常明智地创建真正满足他们需求的产品、服务、内容,而不是空想他们需要什么。

(6)寻找和满足需求。

很多人现在的生活和生意都通过在线的社交网络公开,我们能够观

察人们正在做的事情,无限地搜集关于他们生活和工作需要和需求的大量数据。于是,就能迅速地发现他们最迫切的需求,在提升自己在线形象的同时,你能够更充分地满足所有这些需求。

# 4.客户提醒:朋友圈重在维护,请拉近彼此的关系

如果你是一家美容院,你如何通过微信做营销呢?

第一,一定要有全员微信的理念。不是只有一个人在做,其他人在旁观。

第二,按照定位篇做好定位,按照文案篇做好文案。至于客户,扩展的方式有很多。

美容院拓展客户,可以看关于客户拓展那篇文章;还可以制作出二维码来,放在店里最显眼的位置,鼓励客户去扫二维码;也可以给员工做胸牌,印上员工的微信二维码。

不仅仅是公众平台有二维码,个人也是有二维码的。员工可以主动去和客户交流,去加微信好友,然后通过微信来维护客户。

文案可以是店里统一编写,也可以做出范本来,让员工主动去发挥。

对于员工来说,她维护的这个客户消费时,她是有提成的,所以她会很用心。

微信方便了店家与客户之间的交流,拉近了彼此的距离。

当你和客户去交朋友,用心评论她的心情时,在过节时通过微信发个祝福,再通过朋友圈分享点你的专业知识和工作中的快乐,你说这个客

户下次会不会选择你呢?

前提是你的产品是过关的,服务是周到的,她也感受到了你的存在。下次,她一定会来,并且会帮你转介绍其他客户。

这就是线上与线下的结合。通过微信朋友圈去影响客户,让客户感觉到你的存在,感觉到你的专业度,感受到你的热情和用心。

一个员工维护20个客户,如果店里有5个员工,那就是100个客户。当客户在帮你们转介绍或者分享朋友圈时,也会影响到她背后的朋友圈子。你还愁没有生意么?

这个环节中,老板可能会考虑到:这个员工离职了,不是就带走了这批客户吗?

解决办法是:所有的账号由店里统一申请,甚至是配备智能手机。而且在发布文案时,要统一店标或者店名之类的,加深店名在客户脑海中的印象。

也许有人又说了,我这是夫妻开的蛋糕房,如何通过微信进行营销呢?

人少也没关系,就做一个微信号,统一制作出二维码来,可以印在你的包装上,也可以放置在店面上。

拓展客户的方式也是有两种,线上和线下。如果没有时间做线上,那就干脆线下做客户,线上维护客户,如给加你微信号的客户打折。

因为他已经消费过,感知过你的产品,所以下一次会更容易产生消费行为。

仅仅是通过微信的方式,就留下了这个客户的资料。接下来的工作就是去维护这个客户,去和他交朋友,不要让他流失掉。有人通过微信定了蛋糕,也可以通过朋友圈分享出来。如果客户过生日,可以通过微信朋友圈来祝福他。这都能让客户通过微信感受到你的真诚用心。

你说,下次订购蛋糕时,他会不会想起你呢?也许直接就通过微信订

购了。而且,他也会乐于帮你去分享。

微信起到的作用,就是收集客户资料,给了我们一个与客户交朋友的平台,拉近了彼此的关系。

下面做几个思路上的延伸。

**思路一:做微信群联盟**

比如有10个人,每个人运营一个账号,等每个账号都运营1万人时,10个人组合就10万人。

这时候,不管是推荐产品,还是发布广告,都是一个非常好的渠道。

微信10万好友,相当于几百万粉丝的微博,甚至效果更好。

**思路二:微信公关**

这需要强大的公关能力和人脉关系。比如说,有一个公众账号的稿件要通过微信朋友圈来传播,那么,只需要找到几个大的节点,如上面提到的微信联盟发布出去,就相当于10万人看到了这个稿件。与此同时,稿件还会被二次转发和深度传播,所带来的影响力是不容小觑的。

**思路三:运营同城数据库**

并不一定只有公众平台才能运营微信同城,微信朋友圈也可以。

微信私人账号加同城账号,其实是很容易的。因为搜附近的人,通过软件加,锁定的基本上都是同城的。

当你自己运营一个10万人的账号,这个账号的好友都是你所在的城市,你还需要自己摸索赢利点吗?

这块,可以结合微信群来做,也可以,3个平台联手一起来做:用公众平台来做内容,微信群圈人,私人账号做发布渠道。

**思路四:鼓励与分享**

比如说,你的生意只能在线下完成,可以招聘兼职人员。这些人原来的工作不会受到任何影响,只要个人微信好友达到200人以上就行。而且,兼职人员的任务非常轻松,就是在微信上帮你分享内容,其实就是动动手的功夫。

可以举个例子：一个人分享一到两条内容，按照发布一条内容多少钱来结账，或者月结多少。

那么，如果有100个人来帮你发布一个月的广告，就是有100个节点在帮你做广告。

其实，费用要不了多少钱，但是带来的效益却是可观的。100个人后面，就是2万人看到你的内容。只要你的内容做得好，很容易就能形成成交，或者打造你线下的品牌。这2万人，或许还会发生更多的无意识传播和分享，这就利用了微信的社交属性。

你花一两万在传统媒体广告，不一定能让这么多人看到你的信息；但是你通过微信这样做，做上一两个月，恐怕整个城市，只要开通了微信，就都知道你了……其实，大家可以自由想象，微信的空间，还是蛮大的。

# 5.微信群，一个不容错过的战场

消耗流量、信息刷屏快、闹、有人数限制，这或许是很多朋友对微信群的看法。

其实，不管是微信还是QQ，或者是贴吧豆瓣，大家会因相同的兴趣爱好和追求形成一个个群组和部落。

在豆瓣上，你会发现：兴趣爱好还可以细分到很冷门的程度。个体的兴趣爱好，当在整个互联网上形成一个部落时，就会成为一个人数众多的相同爱好群组。

这是圈子文化,也是部落文化。难怪QQ群悄然出现了一个QQ部落功能。

微信群,不仅仅只有群聊功能,它还给有相同兴趣爱好的人提供了一个互通有无的平台。

有人可能会说:为什么不去豆瓣呢?偏偏在微信建立一个群,还要花这么大心思去交流、互动,有必要吗?

的确,完全可以通过豆瓣去互动,但是微信群可以在招募之前进行一遍筛选。比如说,通过群聊天的内容,通过微信朋友圈以往发布的分享,以及名称等细节,去判断一个人基本的状态——他是积极的人还是消极的人,是乐于助人的人还是消极冷漠的人,甚至是他所处的社会地位、生活状况都能通过这些细节做出基本的判断。

这样一来,你在建群时就有了一个基本的了解,而不是通过豆瓣或者其他渠道发个帖子,结果队友招募来了,大家却融合不到一起,严重降低质量。

所以,微信群营销,照样是个广阔的天地。将你所需要的鱼都引导在群里面,然后顺便把他加为你的微信好友。

在微信群领域,有一个非常成功的案列:K友汇。

K友汇,创始人管鹏,知名站长,皮皮精灵助理总裁,安徽炎黄网络科技有限公司创始人、副总经理。另外,他还是V5推推发起人、安徽省青年电商协会副秘书长、百度创业者俱乐部理事、安徽互联网联盟组织者、站长联合会发起者等。

K友汇定位:K友汇的定位是管鹏的好友聚合,旨在开放分享聚合人脉。

K友汇成立于2013年9月3日,当时是管鹏老K的个人好友群。因为其本人有过万微信好友,希望可以把好友资源和更多的K友分享,所以创建了这个聚合人脉的平台。

而K友汇的顾问团队,则全部是互联网行业赫赫有名的人物。

因为定位精准、主旨自由,所以K友汇的发展可谓神速。截至目前,K友汇已经创建了15个300人微信大群,200多个城市以及十几个国外微信群。

不仅如此,K友汇线下的聚会已经在全国各地如火如荼地举办。

K友汇也衍生出了很多子品牌,如K友惠、K女郎、K公益、K学团等。

这就是通过微信群聚合在一起的联盟圈子,而且通过各种线下活动,让K友汇落地渗透。


回过头来看看K友汇的迅猛发展:

第一,管鹏老K本来就是互联网界知名人物,号召力极强。

第二,微博时代,V5推推的运营和推广在微信上再一次重现。

第三,顾问团队的强大。

第四,福利的发放,包括很难得到的小米F码、羽博移动电源对K友的优惠等。为了发放福利,K友汇专门成立了K友惠,福利足够诱人。

第五,线下活动。

第六,微信平台的属性,精准人脉聚合。

微信群,绝对是一个不容错过的战场。

做好微信群,有几个注意点:

第一,定位。

定位很重要,要么是相同兴趣爱好,要么是人脉聚合。可学习K友汇的精准定位。

第二,价值。

这个微信群,究竟能给群成员带来多大的价值?他为什么要加入你的微信群?

第三,群规。

一个微信群,必须有一个人人都遵守的规则,违反规则的,必须被淘汰。有了这样的筛选机制,就能将不遵守规则的人淘汰出局。连规则都不能遵守,留在群内也没有什么价值。

第四,运营。

一个微信群能不能发展好,和组织者有莫大的关系。有了清晰的定位,接下来要思考的就是如何运营它。

第五,落地。

一个微信群如果能实现落地,能实现的价值就会更大程度地体现出来。所以,线下的聚合对微信群的推动和活跃作用是很大的,而且,群内人脉资源能更好地整合。

总之,做微信营销,一定不能错过微信群。所以,不要将目光仅仅盯着公众平台。微信群就是群组,所以QQ群的营销模式,很多都可以在微信群进行,变通一下就可以了。

# 6.中小型企业:小号朋友圈的实战推广手册

在微信上营销推广和宣传企业公众账号,最主要利用的是众多的微信小号朋友圈。这一方式对于捆绑小号带大号的方式推广公众账号极为有效,而对于小号的朋友圈,其肩负着销售和品牌两重任务。中小型企业重视销售型小号朋友圈的实战推广,善于经营一个小号所带来的实际效果不亚于企业公众账号的功能。

接下来透彻性分享朋友圈销售实战指南,希望对在小号微信推广中摸索的企业可以提供一定的帮助。

**(1)朋友圈销售需要做好产品和服务的选择。**

企业做销售的业绩主要是卖产品和服务,包括无形的和有形的产品。

朋友圈目标客户的取向主要在乎两点:适合的产品和不适合的产品。简单的说,就是一个产品从单价、材料、外观、色彩搭配等是否具备产生第一印象,产品的可用性及是否可以面向移动终端客户进行推广销售,对于该产品或是服务企业能否在线上或是线下提供一对一的额外服务,以及企业的产品和服务是否具备同行竞争力。

在企业公众账号没有完整推出之前,小号朋友圈必须建立标准化的企业产品的服务理念。

**(2)朋友圈销售需要添加更多的好友量。**

微信属于移动终端,相对传统电子商务平台更加封闭,可以说是全封闭式的,而这一点对于避免同行业竞争有着积极的作用,因此,企业做众多小号微信朋友圈需要有技巧地、多种途径地添加大量好友,以保证朋友圈销售的目标客户转化率。

首先,小号要尽量选取企业内部Q龄较长的QQ号作为前提,在开通的微信小号内添加原有的好友信息。当然,这一步很局限。

其次,批量添加QQ群。这一点在以前曾经有涉及到,企业批量添加包含自己目标客户的QQ群,从另一方面为企业小号积累了好友基础。不同的行业积累QQ群量的时候需要做好自身分析,也就是客户定位,再寻找适合自己企业的QQ群种类进行添加。

最后,对于部分企业来说,可以日常设立电话销售机构,企业拥有大量的联系人手机信息,可以批量导入手机微信添加好友。

**(3)朋友圈销售需要做好基础内容的运营。**

朋友圈分享和发布的信息必须遵循几点原则:原创、高质量、专业性、具备浏览体验、贴近客户。

大量发布充斥着人生哲理、爱情攻略等心灵鸡汤类的文章,对于企业品牌宣传来说没有任何意义,关联性不强。做微信必须与企业关联起来。

**小号的朋友圈内容应该是什么样的?**

(1)具备行业的专业性。

朋友圈信息嵌入企业所在的行业知识,在一定量化内是必要的,可以显示自己专业的一面,要做到一定量的曝光,以增加浏览者对发布者权威性的认定。

(2)掌握发布时间和数量。

可以安排手下人员每天每个小号发布最多5条朋友圈信息,编辑不同类型分别间隔1.5~2小时发布一次,这样可避免浏览者打开朋友圈显示的全是你的更新而感到排斥。同时,发布后注意评论互动,小号发布消息适当地@经过分类的目标客户。

(3)宣传的企业信息做到热情和透明化。

主要体现在产品信息、服务信息的细节上,比如,同样一款产品的价格比较、材料比较等。要善于将企业已合作的案例发布出去作为宣传的见证,增加信息的含金量。

**三大微信类型广告能够真正受朋友青睐**

人们关注企业的公众号,一定不是为了接受广告的骚扰,而有些高质量的"广告"却备受粉丝青睐,不仅有很高的点击量,还有不错的转发量。那么,什么样的广告会受到微信粉丝青睐呢?

(1)品牌价值观广告。

好的广告贩卖的不仅是产品,更是其品牌思想、品牌价值观,它们总是通过思想和价值观去打动和感染人,比如耐克贩卖的永远是一种体育精神。

微信公众号推送消息表现形式上有语音、视频、图文消息等,使企业利用公众号推送的"广告"可以有多种表现形式。另外,传达品牌价值观的广告内容上也有很大的创意空间,它可以是一个故事,也可以是一组图片,可以是一首歌曲,还可以是一段微视频,甚至是一次互动活动。

根据企业自身的品牌价值观念,将产品以奖品、logo、台词、背景等形式植入到推送内容中,更容易让粉丝接受。比如,针对年轻的目标消费群,迎合"中国梦"大主题开展系列互动活动,让一些平凡的人讲述梦想,最后将企业产品或服务作为奖品予以奖励,这样的"广告"也就插上了梦想的翅膀。

(2)时事广告。

抓住最好的时机或事件,在恰如其分的时间节点,很合时宜而又巧妙地出现的"广告",更能引起粉丝的共鸣。

好的时机,例如娱乐节目公布选歌单或是结果时、各类运动类决赛结果出来时等大家翘首以盼的时刻,加以充分利用,将推送内容与这些信息充分结合,必能吸引大批量的关注与转发。

借助一些热门事件,将产品作为道具巧妙地植入到一些场景中,或者对热门事件进行犀利的评论,同样能带来推送消息的大量打开量与转发量。例如,中华牙膏在"钓鱼岛"事件期间做了一个个性化的堆头,其引起了网民的疯狂转发。

(3)趣味"广告"。

当把产品换一种用途或通过一个特技载体表现出来时,其"广告"内容将会变得更具有趣味性,这样人们就不会把它们当作硬邦邦的广告来看,会由被动的排斥变成主动的观赏甚至互动。比如,北京暴雨那天,"杜蕾斯"展现了其另一个用途——鞋套,这个趣味性的视频在网上火了一把;再比如,《中国好声音》主持人华少快速念广告的技艺不仅没引来观众的反感,反而还获得了"正宗好舌头"的美名。

无论是借助时事、植入品牌价值还是做一些趣味性的尝试,这些软"广告"都会广受粉丝青睐。总之一句话,在广告泛滥的年代,软广告才是王道。

# 7.擦亮眼睛识别"朋友",别让"杀熟"害了你

电商所传递的商业2.0理念,已经为1.0的传统时代带来了诸多变革。而正当人们渐渐习惯于网上购物时,微信又把我们带到了移动商业的前沿。这段时间,各类微信"生意圈"的兴起,让人们只需一个智能手机,就能轻轻松松做生意。微信上的小生意,能否给我们带来全新的商业3.0时代?

### 微信"生意圈"亦喜亦忧

忽如一夜春风来,千树万树梨花开。仿佛是一刹那间,微信生意像雨后春笋般涌进移动互联网,在微信上做生意的掌柜自称为"微商"。

2013年下半年,上海遭遇雾霾,坊间空气净化器和口罩卖断货。在一个微信群里,朋友们正在闲聊,突然有位"好友"说她正在代理某国际品牌的空气净化器,不仅可以拿到货,还能打8折。大家一听都很高兴,纷纷请她代买一台,钱直接打到她的支付宝账号里,她用快递形式发货。一次小小的交谈,很快就卖掉了11台空气净化器。这名"好友"表示,她在微信朋友圈里卖东西,并不是纯粹为了赚钱,而是为了和好友分享一些好东西。有些商品既实用,价格也实惠,朋友买回去能物尽其用,何乐而不为呢?

白领小智在淘宝上开了一家日本数码产品代购店。微信兴起后,他常常把新的产品贴到群里。如果有朋友对商品感兴趣,会私信给他,询问这些数码产品多少钱,在哪里可以买到。这时,小智就会顺带介绍自己的代购店,推销业务。不过,小智的推荐因人而异,如果他觉得该产品不太适合某位朋友使用,他也会善意指出,建议他购买别家的产品。"我的淘宝店一个月销售能有好几万,微信朋友圈生意多的时候一个月有两三千,少的时候一笔也没有。对我而言,微信更重要的功能是社交,而不是拿来做生意。"

小智他们把微信朋友圈的生意看作"天落水",而有些实体店或网店卖家们却不这么想。他们总结出了一整套微信营销的方法,包括怎么加入别人的朋友圈,怎么循循善诱引导别人关注自己的商品,如何提供方便的支付和送货服务等。一家淘宝内衣店的掌柜李小姐说,她会通过"摇一摇"和"附近的人"功能来寻找客户,慢慢融入对方的社交圈,关注对方的需求,对症下药。"比方说,群里没结婚的女孩喜欢讨论找对象的事,她们对自己的身材会比较在意。这时,我们就会和她们聊聊减肥塑身的方法,再推销我们的内衣产品,她们就不会很反感。"李小姐透露,现在"熟人经济"是很流行的,别看她微信上的销量只有淘宝店的1/20,但成功率超过80%,而且群里的朋友会口口相传,人脉就能越积越广。

然而,随着软广告的不断渗透,刷屏广告愈演愈烈,"生意圈"渐渐侵蚀朋友圈之后,不少用户也开始产生反感。"偶尔推销一两次就好了,每天不停地发广告,正常的圈内交流都被挤到后面去了。"网友"青青"抱怨说。在她的朋友圈里,有几个在淘宝上卖衣服、卖化妆品的小姐妹,每次新衣服上架,就会在群里来一句"店主自留!美呆了!小清新风御姐范一秒转换,女神衣柜必备",还不忘备注"货源紧张,接受预订,1~3天发货,急件请绕道"等暗示货品畅销的形容词。由于群里还有许多其他好友,她不方便退群,只能一忍再忍。

### "交易被宰"很尴尬
阿里小微金融的樊治铭先生曾"炮轰":微信朋友圈已经是一个卖假

货的阵地了！尽管这句话颇有些以偏概全，但是"微信生意圈"里，确实多次发生令人尴尬的问题。

淘宝卖家需明码标价，图文并茂地列出商品尺码、颜色、月销量、评分、商品详情、成交记录等多个公开信息，但朋友圈的每条商品或服务推广信息，一般只有简洁的"文字配图片"介绍，不显示销量，价格不透明，也没有对商品的任何反馈信息。一旦买家买回产品后发现自己"被宰"，一是碍于朋友面子不好意思投诉，二是没有像淘宝那样较为完善的申诉体系，最终往往只能"打落牙齿往肚子里咽"。

网友高女士最近看到一位好友在朋友圈晒出"珊瑚绒床上用品四件套"，感觉高贵大气，就问她是哪儿买的，对方称自己认识代销商，可以帮忙代购，打完折只需265元一套。高女士下单之后方才想起去网上比价，结果同类产品网上售价不超过200元。一套产品被宰了六七十元，高女士顿感郁闷，她将淘宝截图发给了朋友，希望退回差价或取消订单。不料对方回复称："给你发的是自家厂里生产的，质量有保证，淘宝的货质量不好。再说，你的订单已经下单付款了，改不了……"诸如此类的废话一大堆。平时淘宝上的订单还能退、能换、能取消，而微信下单后就无法修改，这让高女士很不爽。想想自己当时没有比价就匆忙下单，确实是草率了一点，和朋友再交涉下去，话可能会越来越"难听"，只好作罢。

除了被宰之外，微信生意圈里的假冒伪劣产品也令买家很头疼。李先生说，有朋友称自己开了家汽车用品店，上面的配件都是正品，李先生便花了4000多块钱买了一套所谓的"美国原装进口音响"，后来才发现，音响原来是网上订购的国产货，效果很一般。吴女士从微信上朋友那儿订购了一款来自香港的名牌包，结果一看是高仿品。"虽然买到假货，但是碍于朋友的面子，我也不好说什么。"

**微信经济尚处萌芽期**

"针对目标对象、精准营销,微信生意圈有其独特优势。"凯高电子运营总监周晓洋指出,朋友圈其实是一种熟人圈层营销。从营销的角度来看,已经精准把握了客户或者说潜在客户的特点,做到知己知彼,减少盲目,而且营销成本非常低,几乎不需要"烧钱"。周晓洋说:"这是一个能极快建立信任感的圈子,而且这种信任感有极快的传播优势,几乎是在以几何倍数扩大。有了信任度,才有长期而稳定的客户,同时也降低了机会成本的投入。"专家认为,微信生意圈打的是"口碑营销"和"熟人经济"两张牌。

然而,所谓的"熟人经济"是一把"双刃剑"。在市场交易中,有时买家会因为对方是熟人,有信任度,拥有产品质量或价格的优势而放松警惕,反而买到了价高质劣的产品。部分微信朋友圈卖家,没有把朋友圈的优势发挥到正道上,而是利用朋友关系卖假货,专"宰"熟人,玷污了"微商"的名声。

腾讯微信方面在接受采访时,明确反对将"微信圈"变成"交易圈",并指出:微信的朋友圈是一个由熟人关系链构建而成的小众、私密的圈子,用户在朋友圈中分享和关注朋友的生活点滴,从而加强联系,"它并不是一个电商平台,我们也不鼓励个人在朋友圈中售卖商品这样的行为"。

微信官方表示,根据用户的投诉,朋友圈会对一些涉及侵权、假冒伪劣和进行恶意病毒营销的商家进行不同程度的处理。"如果用户发现微信上有任何销售假冒伪劣商品等不合法行为,可以通过微信的举报功能进行检举,核实后我们将对违法账号进行不同程度的处理。"

**微信网购易"杀熟",最好别直接支付**

由于微信营销是以朋友圈为基础,通过朋友间相互推荐、口口相传促成交易,通过朋友或在朋友店铺购买商品更为放心,也是当下很多微信营销拥护者的普遍心态。而实际上,这并不真的靠谱,部分微信商家正是

抓住消费者的这一心理,专门"杀熟"。

同为微信兼职卖家的方洁,上周曾在朋友推荐的微信网店内购买了一件墨绿色的开衫。本以为好友推荐而来的微信网店应该十分靠谱,可是拿到货的时候,她却有种想哭的冲动。149元的开衫,从材质到质量怎么看也就百元左右,自己却足足多花了好几十元。事后问起朋友,朋友却告诉她,自己也从未在这家微信网店买过东西,之所以在朋友圈推荐,一来因为都是朋友,所以抹不开面儿拒绝;二来也只是需要动动嘴推荐,或动动手在微信关注下而已,既然能帮到朋友就顺便帮帮忙。

张宜告诉记者,她身边也有一些在微信朋友圈卖东西专门杀熟的朋友。因为大家是朋友,所以有些时候即使买到不可心的商品,碍于朋友间的面子,消费者反而不好意思提起退货退款。碰见朋友"杀熟",多数消费者也只能选择吃哑巴亏。

那么,怎么才能不使自己成为杀熟行为的牺牲品呢?

(1)不要随便加陌生人微信,在网上进行交易时一定要提高警惕,以免造成不必要的损失。

(2)微信账号可以随便注册,而淘宝卖家需要实名认证,从这一点来看,通过微信购物就存在一定的风险。对一些没有实体店也没有淘宝店,仅靠图片宣传的所谓"卖家",更需要提高警惕。

(3)微信网购最好别直接支付,要先询问好卖家是否有实体店、是否能提供正规发票之后再选择购买。对于售价不菲的货品来说,最好在实体店真实体验后再购买,以免受骗上当。

**相关链接：**

## 微信上的交易一旦出现纠纷，买家维权相当难

知名互联网律师赵占领表示，微信买卖类似于网络平台，可以延续网络购物的做法，借助消费者权益保护法、合同法等来解决纠纷。法律规定，经营者采用网络、电视、电话、邮购等方式销售商品，除了特殊情况之外，消费者有权自收到商品之日起7日内退货，且无需说明理由。但消费者需要为"反悔"埋单，承担退货运费，实际操作上难度很大。"由于微信生意圈是基于信任而存在的熟人消费圈，在买卖过程中，往往没有确定契约关系的买卖合同，很多应用程序不具备有效的实名制认证功能，在这种平台上进行买卖行为，相当于处在现行消法的真空地带，一旦出现纠纷，维权会很困难。"

微信用户数量的急剧增加，让不少人看到了其中蕴藏的商机。微信的朋友圈里不知从何时起多了不少"买卖人"，几乎每个人的微信圈里，都有那么两三个朋友在卖衣服、化妆品、包包等商品。

从事微信营销的张小姐说，所谓的微信营销，就是厂家将商品通过各地逐级代理卖货，各代理商可视情况发展子代理。事实上，微信各级代理商的手中并没有现货，一旦买卖成交，需要越过重重代理级别到厂家提货。如果一个环节出了问题，受损失的最终是消费者。

微信账号分为公众账号和个人账号。一般，公众账号通过为商家发送文字、图片、语音等模式的广告盈利，这部分广告为有偿广告；而微信个人账号也同样具有推送功能，只不过目前微信运营方并未对私人微信账号进行收费。也正由于此，很多微信私人账号的使用者借机"开店"，免费推送店内商品。

微信营销实际上也是厂家将商品通过各地逐级"代理"卖货，只不过卖货的渠道由现实铺展至互联网，通过微信这一方式达成最终的买卖。

不同于实体店的是,微信"代理"多为免费"代理",各地各级"代理"可视情况发展子代理。

"我的上级'代理'直接跟厂家联系,相当于总代。我相当于二级'代理'。"张宜告诉记者,她店内"代理"的衣物,全部都是源自一位齐齐哈尔的朋友处,这位朋友直接与商品的厂家取得联系,成为"代理",随后将衣物的图片和基本信息发至微信朋友圈。而相当于二级"代理"的张宜再将"总代"发送的图片和基本信息原封不动保存转发,各级"子代"依次重复此过程。

在整个过程中,商品却一直都不在各级"代理"的手中,也就是说,包括"总代"在内的各级代理的微信网店只是两手空空,并无实际商品,在商品及基本信息被复制转发多次后,商品或许仍躺在厂家的仓库中。而商品的价格,各级"代理"会酌情加价,一旦订单成立后,加出的这部分价格就是"代理"的收入所得。消费者所下的订单,多通过一级又一级的"代理"汇总至厂家,最终由厂家发货,这一模式被大多微信网店所接受。张宜告诉记者,一般厂址在广东的一件衣物,从下单到到货签收基本要四五天的时间。

不过,大多数微信网店并无代理费等资金压力,且店内不存商品无库存压力,从这一点而言,微信在一定程度上超越了淘宝,受不少网络创业者、上班族兼职者的推崇。但这样的运营模式也存在一定隐忧——各级"代理"其中任何一个环节出问题,消费者的所购商品都会出现麻烦。

# 第五章

# 既接地气又赚钱

## ——传统企业如何玩转微信

微信已经在革命性地颠覆过去的企业客服甚至业务流程。还犹豫什么？谁跑得最快，谁笑到最后！

# 1.信:让目标人群依赖于己,将信任度加深

企业可以在微信上完成从市场调研到客户管理、客户服务、销售支付、老客户维护、新客户挖掘等工作。微信营销的真正价值在于"信",企业要做的就是让目标人群依赖于己,将信任度加深,将黏度加强。

**案例1:某足浴连锁品牌及其董事长**

某传统行业足浴品牌连锁店的董事长,其手机上安装的应用非常少,第一个就是微信,微信图标已经替代了iOS原生的电话图标。问及为何使用微信时,他的回答是:简单(安装之后,联系人基本上都是通过通讯录导入,省去了曾经QQ要记一串数字加好友的麻烦)、好用(基本上不用打字,语音、图片、视频任意发送,体验极致简单)。

**该足浴品牌在以下方面应用到微信:**

第一,线下连锁店所有高管都有一个微信群,用于即时汇报和沟通工作,甚至于微信开会。

第二,该足浴品牌基本弃用了传统的发宣传单的宣传模式,每个店铺都注册了几个微信,然后派人在店铺的周围刷"查找附近的人",进行消息群发。据说有30%的人会响应,这30%的人里面又有30%的人会到店消费。

**案例2:某珠宝品牌及其老板**

同上,也是传统行业,也是连锁企业,只用微信,甚至都不用微博,更别说QQ了。在一次聚会中,大家谈及微信还有100人的大群,于是这位老板便想方设法将微信群升级成了100人大群。

该老板有微博，但更新量极少，大量信息都在第一时间通过微信及微信群及时发布。其原因在于，微博太难用，反应不及时，发布出去的信息总是石沉大海，而在微信群发布的信息总是可以及时获得反馈；而且，微博太过于公开，很多信息不宜通过微博发布。

**企业通过微信营销的好处有四点：**

(1)到达率100%：与手机短信群发和邮件群发被大量过滤不同，微信公众账号所群发的每一条信息都能完整无误地发送到终端手机。微信的营销完全是"许可式"的，如果用户不首先通过扫描二维码或者输入账号的方式添加品牌的官方微信，绝不可能收到来自这个品牌的微信消息。尽管这可能会让企业官方微信平台的粉丝数量减少，但是这些粉丝的质量是毋庸置疑的，因为主动添加的用户都愿意收到来自于企业的"广告"，这样的用户才是企业的目标客户、忠诚客户。

(2)曝光率100%：企业广告主投放广告时都会面临一个最大的困惑，目标用户是否能看到？真实曝光率到底是多少？面对电视广告的广告次数、邮件群发的数量、微博的粉丝数，冷静地分析、思考：这些数字到底有什么意义和价值？有多少是目标客户真正看到了？微信铃声、通知中心消息停驻、角标等，随时提醒用户收到未阅读的信息，保证发出的信息不会被淹没，真实被阅读率几乎是100%。

(3)个性化精准推送式服务：微信可实现用户分组、地域控制在内的精准消息推送，根据不同的分组和人发送个性化的内容，让主动添加公众账号的用户都能接受自己想要的内容，与被强制推送短信、邮箱广告形成了鲜明的心理对比。

(4)通过手机进行精准营销传播：手机携带方便，用户可以随时随地获取信息，移动互联网给企业营销带来了极大的方便。同时，企业营销者可以在微信平台上开发独具特色的营销工具，然后用微信发送给用户，增加了客户的依赖，进一步增加了品牌的黏性和好感。

互联网时代,营销模式和传播渠道日新月异,希望企业能抓住微信营销革命带来的各种机遇,在精准营销"信时代"下,企业通过精准营销,吸纳更多的目标客户,深度传播更多的品牌精神,为客户带来更精彩的互动体验。

**位置分享的企业商家价值**

由于具有远程地图信息传输、广泛便捷的传播、适时动态更新以及人机交互性多等优点,网络地图已经成为互联网最具实用性的产品之一、而智能手机的出现,使得将互联网地图"移植"到手机成为可能。据相关数据显示,地图软件是目前消费者最为常用的手机应用软件之一,高达74%的智能型手机用户都通过手机取得实时的地图信息。

位置分享,重点在"分享",而分享的背后代表的则是"用户、流量、购买力以及营销和交易机会"。所以,位置分享背后蕴藏着巨大的商机。

你的老同学和你在网上聊天,你知道他具体在什么地方吗?一群人玩魔兽世界,你知道游戏伙伴处于哪个位置吗?当你登山迷路报警求援,但又说不清具体的位置时,你知道怎么办吗?只要使用位置分享服务,这些问题都能迎刃而解。

设想一个场景:一个人走在路上,觉得累了,也有些口渴,此时想做的应该是找一家咖啡店或冷饮店喝点东西,休息一下。

如果是"位置分享"用户呢?这个时候就可以掏出手机,登陆"位置分享"客户端,搜索一下附近有哪些"位置分享"服务商的签约商家,可以享受多大幅度的消费优惠等。同时,搜索一下是否有好友在附近,并把自己的地理位置"分享"给朋友,然后等待朋友按照图片显示的位置找到自己。几分钟之后,在一家咖啡店里,与同样在附近的朋友一起聊天并享受着用比其他顾客少的钱买来的咖啡。

位置分享把虚拟的社会化网络和实际的地理位置进行了结合,这种营销方式的价值主要体现在以下几个方面。

(1)帮助商家实现"精准营销"。

地理位置分享能够获取用户更多更细的信息,帮助商家实现"精准营销"。当用户的位置分享足够多的时候,就可以对用户的分享轨迹进行数据挖掘和行为分析,然后向商家提出合作推广策略,并帮助商家实现精准推广。

比如,张三经常在北京大望路附近活动,偶尔去北京别的地方游玩,吃的多是川菜、贵州菜,再具体一点,张三爱吃烤鱼、折耳根炒腊肉、干锅(别忘记手机可以拍照)等,当张三的位置分享路径、图片、频次等具体的数据被位置分享平台抓取分析的时候,张三的生活方式基本就被掌握了。根据张三的数据情况,平台就可以有针对性地实时向张三推荐相关的商品和服务。如,中午12点左右,平台向张三推送在他附近的饭馆,如果再配合相关的打折促销信息,张三没有理由不去消费。

(2)帮助商家开展真实的口碑传播。

金杯银杯不如用户的口碑,位置分享是最好的口碑传播方式。曾有传闻说,星巴克将在全美七大城市推出基于位置分享的服务Mobile Pour,用户只需在自己的智能手机上安装这款Mobile Pour应用,就可以随时下单订购自己喜欢的星巴克咖啡,踩着踏板车的咖啡配送员会很快将咖啡送到用户手中。虽然后来被证实这只是一个愚人节玩笑,但该创意对于位置分享营销却是一种启发,并被中国网友誉为"我看过的LBS最佳商业应用"。

(3)商家的位置营销地图。

位置分享除了能够方便人们的生活,它还有一个功能,就是帮助用户记录自己的生活轨迹。当人们的位置分享越来越多的时候,每个人的位置分享都会成为一幅个人生活小地图。在这个小地图上,记录着用户的点点滴滴,有对美好事物的赞美,有对商家服务的评价,有对菜品的点评,有对商家的推荐,也有对商家优惠券的分享……一个用户有一个分

享地图,多个用户就构成了商家的营销地图。

(4)了解顾客需求,改善服务质量。

长久以来,商家都希望能了解自己潜在客户群的组成情况,以便更好地改进或提升产品或服务质量,开展营销活动。比如,研究哪些人经常走过自己的商店门口,这些人一周来几次,大概在什么时候来,从事何种职业,商家今后应该通过何种方式才能同这些顾客进行更多接触,如何才能使老顾客再次光顾,等等。

除了用户的个人信息、兴趣爱好,商家还可以通过研究用户的位置分享,了解竞争对手的情况。比如,用户经常去光临的同行商家,什么商品最受用户欢迎,以及受用户喜欢的具体因素是口味、服务还是促销优惠等。商家可以挖掘分析用户数据,用以提高或改进自己的产品、服务质量,并及时展开具有针对性的营销活动。

(5)O2O资源整合。

想要进行O2O资源整合并不容易,而且并不是所有行业都适合。它要求企业有固定的用户基数,并有较强的行业资源。目前来看,在线旅游进行O2O整合有一定的优势。

现在的在线旅游网站提供的服务有机票比价、订购,酒店比价、预订服务。在线旅游网站的这两项服务,只解决了旅客去哪里的问题,但是没有解决用户去那里之后的问题,比如旅客吃喝玩乐的问题。

在大地理位置分享的前提下,在线旅游网站完全能够整合线下资源,比如旅游公司、饭店、特产、小吃、著名景点、娱乐项目等,向用户推出"O2O整合计划",把住、行、吃、喝、玩、乐打包,向用户提供一站式的服务,再结合本地"位置分享"方案,用户出行将不再麻烦。

**正确利用微信进行广告传播的方法**

目前,大量品牌和营销公司涌入微信平台,谁都不会放弃在移动端的营销机遇,就像曾经大量的风投将目光瞄准移动互联网一样。但是,不是所有品牌或者产品都适合微信营销,所以,这也需要商家有敢为天下先的勇气,积极尝试新的营销方式。

(1)明确品牌、产品是否适合微信营销。

在做微信营销之前,一定要思考你的品牌或者产品有哪些特点,是否能够很好地借助微信这款产品将你的品牌或者产品的特点放大,以免浪费过多的人力财力,使品牌陷入被动地位。那么,什么样的品牌适合做微信营销呢?首先是具备强大精神感召力的品牌,性格鲜明的、永远走在时代前沿的品牌,与消费者息息相关的、能够产生许多话题机会的品牌,还有就是创始人个性鲜明、愿意大胆尝试并亲身投入的品牌。大众化的品牌进行微信营销可以加强与用户的联系,提升影响力;有地理位置限制的小品牌可以利用微信吸引附近的人前来,有助于形成口碑营销。

(2)公众账号应该保持适当的活跃度。

从微信诞生那天起,就注定了微信是一个深社交、强关系、弱媒体的移动平台,正因为如此,在微信平台上,品牌很难成为深度的媒体,这也意味着微信不能够像新浪微博那样频繁地做推广。如果广告主频繁地推送信息,受众可能会因为受到无用信息的过多干扰而取消对其的关注;可是,如果品牌太长时间不与受众沟通,或者不与受众进行互动,同样会有被取消关注的可能。被认证的公众账号群发信息数量是每天3条,在这有限的信息数量上,应当减少广告的硬推送,更多的是与受众保持一种联系,培养受众对品牌的情感,而不是让受众感觉到你是一个单纯传播广告的媒体。

(3)让广告信息更加富有趣味,植入更加自然。

因为微信的信息是强制推送的,所以受众对信息的质量非常敏感,对信息推送的创意性和趣味性要求很高。同时,品牌在有限的推送数量上把信息推送给不同的用户,难免会众口难调。因此,微信上的信息策划要

非常精心。那么,怎样做到尽可能满足受众而又不会对其造成干扰呢?以星巴克中国的公众账号为例, 在推送的内容上设置了 "新品"、"杯子"、"星享卡"、"美食"等选项,供不同口味的人选择,回复不同的代码会得到相应的答复,非常有趣。通过这种互动形式,不仅拉近了品牌与受众的距离,而且可以通过回复的内容更加精确地了解受众的兴趣方向。所以,品牌要做的就是把广告植入制作得更精良、自然。

(4)强化所推内容与品牌的关联性。

广告是以盈利为目的的,所以推送的广告内容必须服务于品牌。也就是说,推送的内容与品牌要有一定的相关性,这里的"关联性"可以是与品牌的行业特征相关,也可以与品牌在受众心目中的形象相关。广告主要做的就是强化品牌特性,让受众知道你是做什么的。

微信作为新兴的移动互联网平台,其使用用户一直在持续增多,如此大的受众市场使得微信获得大量品牌的青睐。在受众有限的的关注对象里,品牌如何能有一席之地,既能方便受众的需求,又能宣传推广自己呢?

这需要品牌发挥强大的品牌感召力,并与受众密切沟通。

# 2.新:努力创新求出路,微信公众平台的更多玩法

综合以上几点看来,微信将会成为互联网营销领域的一把利剑,它将给互联网营销领域带来重大的突破,同时也将给各行各业带来本质上的改变。现在开始重视微信营销,快速抢占市场,拥有自己忠实的粉丝。当

量变引起质变时,微信将成为企业所向披靡的利刃。

但要真正地落地,落实到传统行业,微信营销需要勇于创新,根据自己的企业规模、产品特性,设计独特的宣传方案。比如,一家电线电缆行业的企业,或者一家彩钢钢结构的企业,如何利用好微信营销呢? 这真的是一个值得思考的问题。

拿一家电线电缆行业的企业来说,生产型企业,企业有员工近百人,主要生产塑力电缆、桩基电缆、升降机电缆等,这个企业的微信营销就不能用"不是所有的企业都适合微信营销"这句话直接打死。微信在营销上确实能帮助这家企业。这个时候,企业的微信营销更多地偏向于个人。微信的营销不像微博那样每个人都建立认证微博,从而实现微矩阵,而是企业建立微信公众平台,用于产品和厂房的展示,从而实现可视化、立体化、真实化的效果。这个平台可以用来做微展示、微客服,也可以设置自动回复,作为准客户了解企业的微平台,提高安全感,从而达到提高用户体验度的目的,无形中提高了企业的转化率。而个人方面,从微信签名到个性名称,都可以挂靠自己的产品或者服务,从而达到微推广的目的。另一个方面,就是微信二维码,二维码具有非常强大的信息携带、引导能力,企业在做宣传材料甚至模内贴的一些东西时,二维码可以顺便带上,无微不至。但在发布微信时,有签名和说明就可以了,不要始终在发"广告",那样会慢慢失去"关注",甚至被加入黑名单。

成功的人往往是在对的时候做了对的事。在微信火热的今天,敏锐的电商企业和传统企业开始抢占微信的"地盘"。如果你认为微信营销是小广告式推送消息,那就太小瞧微信的作用了。电商不仅可以在微信公众平台上推送促销广告,吸引用户到自己的网店去买东西,还可以直接在微信里面卖东西;如果你是一个餐馆老板,那么你可以用微信来实现订餐,扩大你的销售渠道;如果你是航空公司,那么你可以通过它来让旅客

完成在线值机;如果你是银行,那么你可以让客户通过微信来查看余额。而这些已经成为了今天的现实。

**微信公众平台给传统企业带来了什么?**

如果说企业开通公众平台只是为了营销,那微信支付的开通应该是给传统企业带来了销售。那微信公众平台给传统企业带来了什么?

(1)低成本进入移动互联网。

无论是张小龙的视频演讲,还是曾鸣对微信方向的解读,透露出来的都是微信将助力传统企业迈上移动互联网的康庄大道,微信为企业提供的服务将更开放、更强大。企业只需要开通一个微信公众账号,就可以去拥抱微信的4亿粉丝,不必自己建立官方网站,不需要开发移动App,不需要聘请网络技术人员,也不用委托网络营销公司,因为这一切微信团队已经在技术上帮助企业实现了。企业需要做的就是服务好自己的客户,让用户关注自己的微信。

(2)不再是一次性营销。

以前传统企业做宣传和推广,主要是通过当地的传统媒体或者网络营销,这样的营销被理解为一次性营销。如果企业开通微信公众账号,推广前期的宣传和推广就可以让自己与用户时时互动,实现实时营销。只要用户不取消对企业微信的关注,企业和用户之间就可以形成一种友好的朋友关系。企业不能过多地去关注营销,而应该更多地去关注如何服务好用户、如何给用户创造价值。只有当用户在你的微信里得到了价值和尊重,用户才能死心塌地地关注你。所以,企业在向用户推送信息的时候,应该站在用户角度来看待信息:信息是否对用户有价值,信息的配图和排版能否满足用户的需求,信息发布的时间是否符合用户的阅读时间等。这些都是需要企业去思考和考量的。

(3)新的用户渠道和推广渠道。

微信5.0推出了微信支付功能,用户可以在企业微信里面完成支付。

目前能够想到的行业有餐饮行业、旅游行业、酒店行业等,用户可以在企业微信里面订餐、订酒店、订门票等,真正形成了一个从营销到销售的闭环,企业可以通过自身的渠道做推广。

(4)传统企业现在应该怎么做。

在腾讯合作大会上,微信官方给出了一个很明确的态度——全面拥抱传统企业。传统企业可以在店内开展营销活动,当粉丝数量达到500的时候就可以去申请认证;其次,还可以通过微信开发模式定制出适合企业服务的功能,并完善后台信息;与此同时,企业还要安排一个微信专职人员与粉丝定期进行互动,让用户感觉对面是一个活生生的人而不是一个冷冰冰的账号;定期开展一些回馈用户的优惠活动,让用户关注微信,要有互动,有优惠,有信息。

现在,市场上出现了很多所谓的"微信营销"公司,大多数都打着培训和运营的旗号到处忽悠客户。如果传统企业真的需要在微信里面做点什么,最好与微信会员卡合作并适当地开展些优惠活动。

# 3.重:传统企业该如何把握微信营销的重点?

微信的品牌知名度随着前段时间的收费风波迅速提升,可以说,没有玩过微信或者根本不知道微信的人,都在各种媒体的宣传下开始发觉有这么一款移动应用的存在。对于看重微信商业价值的传统商家而言,限于官方的合作条件,自己摸石头过河难免有所困难。不同于传统企业,站在微信营销最前沿的甚至略有小成的已有不少案例。实体生意越来越难

做,线上的电商竞争一点也不亚于线下,流量成本也不断攀升。正因如此,微信带给传统商家一个回归营销本质的机会,即做长好过做短,做回头客好过做新客。

有些商家不是做不好微信,而是本身就没有客户管理这个概念。传统商家想要实行微信营销,除了要充分发挥线下地理位置及现有客户资源的优势,关键仍在于把握重点。

**微信营销的重点不在推广,而在运营**

一个摄影服务商家做微信营销,搞活动下了2万重本送奖品,为公众平台输送了4000个订阅用户。从某个角度来看,成本一点都不低,而最后的成绩也不能算太差。但事实就是,操盘手需要理清楚,实施微信营销的预期是什么?活动所带来的人有无转化价值?后期该如何进一步营销?下一次的活动该如何做?还是有不少商家摆脱不了做大公众账号、辐射越来越多的目标客户这种传统思维。在他们看来,一次推送就相当于群发短信,省时省力的同时也不会受到手机安全软件的拦截,简直就是短信平台的升级版。

把握不了微信营销重点的传统商家出现以上问题不在少数,推广亦貌似变得十分之重要。换种说法,微信营销的重点不在推广,而在运营。

运营涉及的方面比较多,首先从公众账号的定位上来讲,公众账号需要提供一个值得客户去持续关注的理由,其实就是服务。

服务再进行细分,可以是一个客户自助工具,也可以是一条帮客户解决问题的途径。以一位销售袜子的商家为例,按照传统的思维,通过推广吸引足够的订阅用户之后,下一步就是不断推送软广或硬广进行销售。如此操作下来,不难发现,订阅用户不需要去关注一个只会卖袜子的公众账号,卖袜子的地方线上线下一大把,用户需要的是公众账号能为自己解决什么问题。开头已经说过,回归营销本质,销售就是为了满足需求,当满足需求的方式太多的时候,客户就需要更加便捷、更加实惠、更加有保障的方式。

所以，商家可以采用每月订购的商业模式，服务一些白领及商务人士，这样就突出了公众账号定位的个性。当然，有了区别于竞争对手的做法不代表可以一劳永逸，不断完善细节和创新才能够防御模仿。

品牌之所以能够成为品牌，不外乎从物质及精神上满足了客户的需求：质量高和售后好，虚荣心和从众心理。品牌有了个性再结合以上多个维度的需求，剩下的就是培育。传统商家做好了公众账号的定位之后，名称上已经表明了身份，那么内容上就要不断去告诉订阅用户你存在的价值。

虽然内容始终没法脱离自己的产品或服务，但是要将产品或服务巧妙地融入到各种内容创新之中，其中也包括互动环节设置。

再拿卖袜子为例，如果推出一个有创新点的互动游戏，不仅能借此推广引来更多有效的关注，还能稳固现有订阅用户的关系。总的来说，主动去推销产品和服务让客户知晓并不是重点，重点是让客户自己去发现你的产品和服务，让客户去证实，从而去购买体验，再进行分享。整个流程就是一个游戏，策划游戏时要站在订阅用户的位置考虑问题，确定好细节之后，借势或造势去实施到位。是游戏就难免会有Bug（漏洞），出现差错一在不了解自己的客户，二在不了解自己的订阅用户。因此，策划游戏之前需要沟通了解。

可喜的是，传统商家与微信的接触将不断深入，现在说的重点将不再是重点，而玩法也会层出不穷。

传统企业做微信，这样把握重点：

**第一步：调整心态**

做微信营销必须要有教主心态，这是企业主进行微信营销应有的态度，而企业一旦决定要做微信营销，就要让整个企业都有这种心态。当然，习惯了传统营销方式的企业很难一下改变整个观念，但其中一点是可以做到的，那就是企业内部所有人都要知道自己的微信公众平台能给

企业带来什么,能给目标人群提供哪些服务。

首先,微信公众平台是一个综合性的平台,企业能在微信上完成从市场调研、客服咨询到销售等所有工作,各个环节都能在微信上获得帮助。有了这个心态,明白了这一点,企业就可以进行微信营销了。

企业的微信公众平台给予目标人群的就是产生信赖和依赖,所以,企业进行微信营销的时候,只要考虑如何让自己的新老顾客依赖于己就可以了,这样才能激发整个企业对于微信营销的重视,从而真正实现微信营销的威力。

**第二步:确定重点**

这里说的确定重点是指确定企业的微信公众账号上要有哪些功能,有哪些内容的展示,展示内容是什么。

比如,有些企业的微信公众账号每天会向所有新老顾客推送一条美女播报的天气预报和最新资讯评论,一些培训学校的微信公众账号有翻译功能,一些制造业的微信公众账号有股票查询功能,一些美容院的账号有星座运势和皮肤指数查询功能,等等。

上面这些都是一些小功能,而招商银行可以查余额、星巴克可以自然醒等就个性化多了,这些都是针对自己定制的功能。

以上讲的是功能,而内容方面就更加好说了,粉丝想看什么内容就给他们什么内容,输入命令后给予相应的内容。比如,粉丝输入"你好"可以看到企业的介绍,输入"联系方式"可以查看企业的联系方式和地址,输入企业的一些部门可以查看相关部门的介绍,还有获奖、资质等命令和对应的内容页面等。

这些功能和内容的重点是,企业的目标人群需要什么,怎么能让他们依赖于企业。

**第三步:先把老客户加进来**

微信公众平台最大的一个好处就是经营客户,或者说经营粉丝。很多企业都知道,经营一个老客户比获取新客户重要得多,而维护老客户需要的成本非常大,而且非常复杂和麻烦。但有了微信就不一样了,因为功能和内容就是以他们的喜好设定的,同时每天的群发又对他们进行了强制的推送,所以微信是目前经营老客户最好的利器。

这也是为什么提出教主心态的原因。所有新老客户都体验企业给予的功能和内容,而每天的信息推送则增加了新老客户与企业的互动。用微信经营老客户是微信营销的重要工作,而且由老客户进行企业公众账号的推荐都是具有极高转换率的,所能带来的新客户也是极为精准的人群。

**第四步:全面推广**

所有企业推广自己的微信账号时一定要全面,能展示二维码的地方展示二维码,能推荐的地方推荐,能进行账号域名推荐的就进行账号域名推荐。总之,越全面越好。

## TIPS:如何获得微信公众大V的推荐

我们知道,每一个人靠自己现在拥有的资源,很难突破自己现在的事业格局,就像一个创业者一样,在自己的公司不断壮大的情况下,他需要更多的资金及人脉来帮助企业做大做强。

这个时候,他们通常会进行融资,寻找风险投资快速帮助企业做大。作为企业创始人,一定要能为企业弄来钱;同样,你作为一个公众号的负责人,也要想办法帮助企业的公众号弄来粉丝,最好的方法就要学会借力——让拥有大量粉丝的大V帮助自己推荐公众号。这样就能在短时间内快速获取大量粉丝,当然,获取公众大V的推荐是要讲策略和方法的,通常分为下面几个步骤。

**(1)吸引大V的注意。**

如果你不想办法吸引他的注意力,怎么能谈得上推荐?你要做的就是在10万个人当中,让他知道你是谁,是做什么的,这非常重要,最好的办法就是多跟大V沟通,在公众号里留言,阅读每一篇文章,提出自己的观点,这样就增加了互动的机会,自然吸引了大V的注意力和关注。

**(2)让大V了解自己的公众号。**

大V不可能推荐一个不认识的公众号,谁知道你的公众号是不是一个垃圾号,对大V的读者有没有帮助。所以,一定要让大V了解你的公众号,告诉大V,可以放心帮助你推荐内容,因为你的公众号里的内容都很有价值,没有什么乱七八糟的东西,同时让他了解你运营公众号做得非常有特色,值得他推荐。

**(3)提供自己的价值,获得认同。**

一个愿意主动帮助别人的人一定会受到别人的欢迎,所以,你可以先利用自己的能力帮助这些大V去宣传他们的公众号,在自己的公众号里推荐、分享他们推送的文章,当你帮助他们的同时,他也会注意到你,你和他之间的联系也就加强了。

记住,世上没有无缘无故的爱,要想得到爱,首先自己要给出爱。你做不到,又怎么能要求别人做到呢?

**(4)建立关系,增加沟通。**

要想建立关系,就要知道对方更多的联系方式,如个人微信号、QQ号、手机号等。有了这些联系以后,你可以不时地跟大V聊上两句,这样你们的关系就建立起来了。

实践了这些步骤以后,你就可以在适当的时机寻求公众号大V的推荐了。

# 4.传统企业运营微信的六大要诀

微信,作为一个公众平台,不仅可以群发文字、图片、视频、语音等信息内容,还可以进行一对一的深入沟通。这是微信相较于其他的互动平台所体现出来的互动形式多样化的最大优势。下面介绍一下传统企业运营微信的六大要诀。

**(1)确定内容定位,创造品牌影响力。**

每个微信都是一个个性鲜明的人,所以,每个公众号一定要有自己的特色以及定位,然后根据自己公众号主题去开展一系列运营工作:微信名字、发展喜欢主题的粉丝、围绕主题编辑内容、围绕主题去寻找盈利点等。凡事预则立,不预则废,分析定位自己的公众号是整个公众号是否成功的核心。

每个用户在首屏的关注列表不会超过7个,如何做好你的定位,是你开展微信营销的第一步。但企业如果仅仅利用微信公众平台上的功能来进行线上宣传推广以及营销,不免有些单薄。我们可以借助第三方平台建立免费的微站,建立属于自己品牌的承载页,配合微信公众平台进行运营,必定能让效果变得更好。

**(2)单次推送要适量,内容服务引导用户深度阅读。**

微信订阅号现在每天只能推送一次消息,而服务号更是一个月才能推送一次消息。用户都是手机登录,在推送或者用户主动获取的内容方面,图文最好不要过多,建议在两屏之内,最好加上导语和内容标签,便于快速浏览,为用户节约时间和流量。但是,这样无疑会在推送消息

给用户的时候造成许多限制。在此建议使用皮皮精灵运营平台的"内容服务"功能,可以自动触发关键字,系统自动推送最热最新内容10篇以上,这样在用户想要获取更多信息的时候,可以更好地将信息完整地呈现给用户。

**(3)语言风格要独特,整体要有亲和力。**

用户在使用微信的时间和环境都是不确定的,可能是在WC、排队、乘坐高铁、开会等情况,总之是在时间很碎片、情绪很休闲的状态。用户需要的不是条条框框、一板一眼,而是快乐阅读,所以语言一定要有亲和力,要能接地气。

**(4)精确推送时间,仔细分析目标用户的特点。**

并不是所有的企业微信账号都能一样地去运营,不同行业的商家在运营的过程中肯定会有很多差别。譬如说内容的推送时间,只有在恰当的时候做正确的事才是最完美的,所以,尽量根据企业目标用户的特点设置主动推送时间,避免不必要的骚扰。如果你的用户大多在上班路上看微信,那么你的推送时间要尽量设置在7:00~8:30;如果你的用户大多在快下班的时候看,那么请在下午4:00~6:00推送。可以根据观察推送时间所反映的数据来确定用户时间上的需求。细节决定成败,只有通过详细的数据分析,才能更好地为目标用户服务,抓住目标用户的眼睛。

**(5)设置目标关键词,与用户随时随地互动交流。**

微信营销的核心在于沟通与服务,当你的用户用怀疑的口吻发来信息的时候,一定要在第一时间回复。无论是求购还是投诉,或者是一个简单的问候,都要郑重地去对待、去回复,要从每一个细节做好微信营销。但当用户数较多,且很多用户提的问题都一样的时候,我们就可以通过设置关键词互动的方式来和用户进行沟通,以减轻客服的压力。

**(6)个性鲜明的活动策划,形成自己的特色。**

面对越来越多的官方微信的开通,千篇一律的对话、照本宣科的内容将产生审美疲劳,如何形成特色成为了最重要的课题。所谓特色,其实体现在任何一个细节,让用户能够在潜移默化中记住你,这个不仅可以在内容方面进行创新,也可以在形式上进行创新,例如适当地发布一些有趣的小活动。

好的活动不仅能带动用户的积极性,也有利于将品牌意识打入用户的内心,达到传播的效应,岂不一箭双雕。当然,在奖品的设定上也要有心,让用户趣味多多。

今天,微信呈现出来的威力仍然只是冰山一角:中国大部分行业仍然在粗放式管理中前行。在过去十年,电子商务相比较传统行业最大的优势就是"数据化管理",一切的用户消费行为可追踪、可分析,所以电商的运营效率极高。微信已经在革命性地颠覆过去的企业客服,甚至业务流程。

**到底应该把公众号定位于"订阅号",还是"服务号"?**

现在80%以上的企业都建立了自己的微信公众账号或者微博公众账号,他们在平台上建立了账号以后,都想像业界传说的那样增加多少市场份额,但对于如何做,很多企业都很迷茫,这也就滋生了业界的各种培训。拿微信的公众号来说,企业到底应该把公众号定位于"订阅号"还是"服务号"呢?"订阅号"玩的是人际关系,"服务号"玩的是延伸公司的相关产品到移动终端。公司到底应该部署"订阅号"还是"服务号"呢?下面给大家提供几个方案。

第一种:只建立服务号,旨在为用户提供服务,只是延伸了自己的产品到移动端,而这些产品又都是我们生活中所熟知的且经常用到的。如:招商银行、中国南方航空。

第二种:建立服务号,同时让公司所有人员都建立和公司相匹配的订

阅号。也就是说,公司每个成员都是一个订阅号,他在自己业务擅长的领域建立自己和公司相匹配的订阅号,传播与公司相匹配的内容,转化到服务号上来。这种模式的公司有人才网站、猎头公司、提供网上订单交易的中小企业。

第三种:建立订阅号,同时建立与之相关的手机网站。公司全员参与互动,把订阅号里面的内容转发到各自的朋友圈,这种模式比较灵活。当然,只要建立服务号,就必须要建立相匹配的手机站或者是APP。

打造一个微信的公众号,并在微信平台上实现和特定群体的文字、图片、语音的全方位沟通、互动。对很多中小企业来说,微信营销仍旧是个新奇而陌生的话题。那么中小企业该如何运用微信开展营销和服务呢?

第一,你能为用户做到什么,要在你的公众平台最显著的地方展现出来。

通过欢迎语、开始菜单、自定义菜单等,让你的用户在关注后的第一眼就能看到你的优势。现在很多第三方平台都可以提供微信官网的展示,利用好这样一个平台,就是为自己的企业开通了一个手机官网,全方位展示企业产品信息。

第二,用户需要你的时候,要随叫随到。

这并不是说你必须时时刻刻地守候在微信公众平台后台,勤勤恳恳地回复每一条用户留言,甚至陪他们聊天……想到所有用户可能的需要,通过微信菜单自动回复和后台管理,满足用户需求,这样才能在微信做好服务和营销。

第三,了解你的用户,分析他们的需要,抓住他们的弱点。

积累了一定的用户之后,通过后台分析他们的行为,了解用户想通过你的公众平台做什么,得到什么样的服务,并有针对性地进行改善,让用户感觉到你的用心,离不开你的平台。

第四,注重趣味性和新鲜感。

保持微信账号的趣味性和新鲜感是非常重要的。时不时地开展一些趣味互动活动,消费者会更乐于关注,并与你互动。

第五,维护好现有用户,培养核心用户。

通过微信会员卡或老用户优惠活动让他们意识到这一点,他们会对你更死心塌地。

当今智能手机的普遍使用,使微信朋友圈功能具有了广泛的市场受众基础,成百上千甚至上万的微信好友,随时会接收到朋友圈发布传播的信息,而且客户受众对象精准,有价值的信息会得到受众朋友的及时反应,实时沟通功能与效果非一般网络平台可比。未来的营销,不需要太多的渠道,只要让你的产品进入消费者的手机,就是最好的营销。

# 5.各大企业如何"玩微信"?

我们来看看各大企业是如何玩微信的。

(1)作为促销工具的微信:唯品会。

对于唯品会这样的名品折扣类网站来说,微信是一个非常不错的促销工具。唯品会的卖法非常类似媒体,它每天都会上新一次,就好像一份"日报"一样,每天卖的东西都不同,因此唯品会的用户习惯于每天像看新闻一样去看看又上了什么新东西。有了微信以后,唯品会每天会把新品的网页链接通过公众微信推送给用户,这对于那些原来要

自己登录网页来查看信息的重度消费者来说,可以说更加傻瓜、更加方便了。

(2)作为电商的微信:美肤汇。

美肤汇是被媒体报道过的第一个直接通过微信来卖东西的电商。当时,微信尚未提供支付功能,因此美肤汇只能采取一些变通的方式来完成订单。买家只需填写一个手机号即可下单,然后美肤汇的call center会电话给用户索取收货地址,付款方式为货到付款。如今,微信实现了与财付通的打通,支付问题得到了解决,不用跳转就可以直接在微信内完成购物。

(3)作为会员卡的微信:微生活会员卡。

微生活会员卡是腾讯微生活团队运营的一个O2O产品,简单地说,就做两件事:第一,帮助商家引流,它相当于是一个内置于微信的卡包,消费者出示一下微生活里面的电子会员卡,商家就可以给打折或者送其他赠品之类的优惠;第二,帮助合作商家开通独立的微信会员卡,从而让商家可以积累属于自己的微信用户。这个微生活的公众账号和普通的公众账号在后台上有所不同,它提供了一套CRM系统,可以让商家很方便地管理用户。当然,这是收费服务。

(4)作为客服的微信:招商银行信用卡中心。

当我们要查询信用卡账单、申请账单分期等服务时,最方便的方式是拨打400电话,然后按照语音提示输入"数字+#",这是基于电话的一种自动客服系统。现在微信也实现了这个功能。我们只要添加"招商银行信用卡中心"为好友,按照系统提示把我们的微信和信用卡进行绑定,就可以通过回复特定数字来完成查询。例如,回复1是查询账单及额度,回复2是手机还款,回复3是查积分等。

(5)作为服务的微信:中国南方航空。

在南方航空把微信值机做出来之前,也许没有人能想到微信还可以这样来用。旅客只要把自己的身份证号或者票号通过微信发给"中国南方航空"公众号,就可以完成值机。这真的太方便了! 在这个例子当中,微信成为了一个服务工具。

看了上面所列举的这些案例,你应该对微信能做什么有了一个大致的了解。尽管在现阶段这些账号做得还比较初级,用户体验也不是那么完美,但我们要看得更远一点,微信团队正在不断完善这个产品,针对微信平台的开发者也在不断地加入进来。相信不久之后,微信平台一定会出现类似现在App Store这样繁荣的局面,各种有特点的公众账号一定会被开发出来。因此,千万不要简单地把微信公众账号看作是一个免费发广告的工具,那太小看它了,App才是它的高级形态。

微信这一社交色彩的移动互联网产品正在逐渐打破营销传播的格局。在传统媒体时代,传播即营销,而在今天的微信公众平台,传播即服务。微信仍在生长,微信公众平台的更多玩法仍在不断被企业所发掘。

# 6.中小企业如何做好微信营销?

面对微信4亿多用户基数,许多中小企业开始对微信营销盲目推崇,不管企业产品是否适合微信营销,都一股脑儿往微信这个方向发展,最后往往是赔了夫人又折兵,得不偿失。那么,中小企业该如何做好微信营销呢?

中小企业在做微信营销前一定要理清几个问题,只有明白自己的需

求才能把营销做得更好。

首先,为什么要做微信营销?难道仅仅是因为看着别人做,盲目地跟从吗?

建议,中小企业在做微信营销前,一定要明白自己为什么要做,是为了宣传还是利润,只有明确了目的才能有针对性地进行宣传。企业做微信营销,无非出于三点原因:一是以微信作为免费的宣传平台;二是与网站对接,利用微信账号购买产品,为企业带来转化率和利润;三是树立自己的企业品牌。

其次,你的企业、产品是否适合做微信营销?

现在网上对微信营销的效果很多都是夸大其词,所以中小企业一定要保持头脑冷静,在做微信营销前,一定要考虑下自己的客户在哪里,用户是否玩微信,自己的产品是否适合微信推广。微信官方曾经说过,微信应该是一个服务工具,而不应该用来做营销。所以,以服务为主的公众号会大受用户欢迎,而那些只顾推送消息、不顾用户体验的公众号以后会很难生存。

最后,要想清楚企业微信的定位。

很多成功的微信营销案例,大多数都是因为有着明确的定位,了解用户的需求点。对于中小企业建议前期定位应以服务、宣传为主,推送的内容应以行业最新资讯、解决用户疑问为主,而后期的时候,可以推送一些促销信息,从而为网站带来转化率和利润。

**如何把微信内容推广出去?**

有了明确的定位后,如何把微信内容推广出去?微信营销除了要有好的内容之外,还必须有好的推广渠道、方法。网络上流行着各种各样的微信推广方法,下面说说这些方法的可行性。

(1)小号带大号。

在微信5.0出来之前,我们可以通过私人微信号来加好友,然后把公众号的名片发送给好友,从而推广微信公众号。但微信5.0出来以后,我们就无法利用私人号发送公众号的名片了,只能发送私人号名片,这使得小号带大号的操作方式变得没有以前方便了。如果你还想利用小号带大号来做宣传,你就只能一个一个告诉网友你的公众号的微信号是多少,这增加了时间成本。

(2)摇一摇。

存在的问题是,玩摇一摇的大多是些无聊的人,他会缠着你聊天,到最后还不一定加你,这既费时又费力,还不一定有好的效果。为了减少宣传成本,建议可以直接把私人号的名称换作宣传号的名称,并把签名改为"此号是工作号,玩游戏的加我,不玩游戏的不要加",之后再接着摇号。这样,虽然加你的没有以前多,但是加的都是有需求的潜在消费者,而且也不用你花费太多时间和精力去解释。

(3)会员营销。

对于中小型网站,在资金、人力、物力都不健全的情况下,最行之有效的推广方式就是"会员营销"。在建站之前,公司肯定会有会员的资料,这些都是网站最真实的消费者,如果你搞一次活动,要求会员关注你的微信并给予一定的福利,这样获得的粉丝是最真实有效的。

(4)微博大号推广。

现在网上有很多微博大号收钱帮人做推广,50万粉丝以上的大号直发一条大概300元,转发200元左右。其实,一些大号的粉丝都是用软件刷出来的,数量并不真实,因此,如果你想尝试做微博大号推广,就必须先明确一些问题:微博大号的粉丝是否是真实的;大号每天发布几条信息,每天信息的转发量和评论量如何;大号的内容是否和你的微信宣传内容相关。只能内容相关、转发量和评论量较大、粉丝真实的大号才能给你带来效果。对于那些每天发布5条以上的大号,不太建议你做推广,因为你的广告很可能沉了。

(5)整合线上资源。

中小企业可以在官网、博客、论坛、分类信息等网站上推广一下企业公众号。

(6)整合线下资源。

中小企业如果有门店的话,可以在实体店里推出个性二维码,让用户扫描添加好友享受优惠,这个方法还是很不错的。

(7)活动推广。

活动推广分为线上和线下,比如在微博上发起活动,关注企业公众号就有机会获得活动奖品,或者在线下实体店里,客户来店里只需关注微信即可享受折扣和物品等。

(8)借助第三方平台。

在资金、人力、物力都不足的情况下,建议中小企业能借助第三方服务平台,利用平台的功能更好地去做好微信营销,因为官方平台功能太简单,根本不能满足企业的需求。

# 7.企业重要利润的来源——"赢销"关键客户

关键客户是企业重要利润的来源,从营销中的80/20法则,我们不难看出关键客户的地位。那么,如何真正体现并提高关键客户的价值,从而为企业创造更大的收益呢?

让营销转化成为"赢销"已成为了销售人员做营销的终极目标之一,这其中历经的时而的委屈坎坷、时而的惊喜交集,过程中的五味杂陈是在唱一首永不老去的"经典歌曲"。而关键客户就像是这首歌的主旋律，你既不能走调，更不能轻易换声，要将歌曲演唱中对声音所需求的各种技术环节，通过有规律、有步骤的发声练习，使歌唱发声的技术成为歌唱表现的有力手段，来达到声情并茂的演唱服务。

**案例一：目标拜访获取关键信息**

A公司是一家以加工为主要业务的制造企业，其卓越的加工技能在业内有口皆碑。最近，该公司客户经理小王苦恼不已，因为其负责的老客户Y公司的一个投标项目迟迟没有回音。好几家同类企业对这个项目虎视眈眈，准备以超低价位夺标。

然而，在长期的合作过程中，小王知道军工企业一直是Y公司的重点发展客户，但由于Y公司的机械设计人力资源不到位，产品结构设计存在的不足，制约了他们和目标客户的合作。为了解困，小王让A公司的技术人员给Y公司制定了一套完整的技改方案，并提出了A公司和Y公司技术项目深度合作的倡议。技术部把小王的提案交给关键客户王总时，王总特别高兴，当天就约见小王商谈技术项目深度合作的事情。在交谈中，小王了解到，这次项目招标中，Y公司除了价格，更看重合作伙伴提供给他们的技术服务，他们对A公司提供的技术服务非常满意。至此，小王悬着的心才算落了地。最终，A公司以高于竞争对手5%的价格中标。

**分析：**

在这个案例中，客户经理小王虽然前期沟通已经没有问题，方案也提交了上去，客户内部一直处于项目评估状况，但并没有搞清楚拜访的关键目标客户，获取相应的信息，从而差点让对手钻了空子，好在这些问题被及时发现并有效化解了。在大型项目的"信息孤岛"期，销售人员不能被动等待客户通知，而要积极主动采取措施接近决策者，获取影响中标的有效信息，从而制订有效策略。

**对策:**

(1)叫停无效的陌拜:如果营销总是在不停地寻找新客户,但又不能做成一桩生意的话,这个销售将会很容易开始怀疑自己的能力,或者质疑己方提供的服务是否符合标准。在给客户打电话或登门拜访前,尽可能多地了解关键客户的各种信息,尤其是他们的需求信息,还要想好对方可能提出的问题、可能发生争议的焦点、让步的底线等,准备得越充分,成功的几率越高。

(2)分析客户采购流程:客户内部的采购流程如果不清晰,你就会像无头苍蝇一样,不知道如何根据客户的采购流程对客户进行跟踪。关键客户的采购流程一般为:内部需求→确立项目→收集信息→技术筛选→项目评估→最终决策→后续服务。销售人员只有了解客户的采购流程,并根据客户所处的采购阶段制定销售方案,才能满足客户不同阶段的不同要求。

(3)处理"触发"事件:触发事件指的是某些能够让客户或消费者决定从你这里购买产品的决定性事件。就像上述案例中,小王能够为Y公司无偿提供方案一样,能够及时解决这类触发事件。

(4)跟进关键客户:销售客户有三个等级,每高一级,就意味着选择标准又高了一些。处在最底层的是无差别客户,也就是那些"水龙头"客户,在这些无差别客户里,会有一些合格的客户——这些就是你的潜在客户。在这些合格的客户里,有一些将会成为关键客户——从个人来说,你最容易接近这一类客户,因此,要找到关键客户。

**案例二:众里寻"他",找到关键人物**

B集团是当地非常有名的一家大型企业,却在一个数百万元的信息化软件工程招标项目中输给了当地一家不知名的小公司。竞标失败的原因不是价格、服务、品质,而是对方攻克了负责那次招标的副总经理。

原来,在得知那次招标的负责人是副总经理苗先生后,竞争对手小李就通过客户资料联系上了苗先生的太太，并迅速取得了苗太太的信任，从苗太太那里得到了苗先生要到上海出差的信息。苗先生刚下飞机，就看见一个服务生高举美观大方的接机牌，上边写着自己的名字。在"一位朋友"的授意下，服务生把苗先生安排到了五星级豪华客房。紧接着，苗先生又收到了"一位朋友"欢迎他到上海的花篮。当然，这一切都是B集团的竞争对手小李的安排。

在苗先生办完事情的那天下午，小李给苗先生打电话说明了这个安排，希望能认识苗先生，并表示希望苗先生允许他们公司的售后人员到苗先生所在的公司进行技术交流。小李随后还带领苗先生观看了他最喜欢的话剧。两天后苗先生返程时，小李又安排车把苗先生送到了机场。临走时，苗先生很痛快地答应了技术交流的事情。在整个项目运作过程中，各个协同部门都感觉到了副总经理苗先生的倾向性，所以小李很顺利地拿下了那个数百万元的订单。

分析：

通过上述案例不难发现，在对关键客户的营销中，销售人员只有在分析客户组织架构、明确各自职能的基础上，在关键时刻主动出击，主攻关键部门的关键人物，才能有更大的取胜把握。

对策：

(1) 公关手段创新：现在关键客户的公关和维护手段基本都是请吃饭、请洗浴、请打牌。花钱不少，搭进去的时间也不少，可客户却不领情，因为大家都这么做。市场营销每天都在进行着创新，而关键客户开发也需要常换常新。此时，如果我们变化思路，进行关键客户开发方式的创新，不走别人走的途径，就能回避关键客户开发的红海竞争，即别人皆走阳关道，唯有我行独木桥。

(2)打铁还需自身硬：没有金刚钻是不能揽瓷器活的。同样的道理，如果自身不具备关键客户营销的"金刚钻"，就暂不要去揽瓷器活。关键客

户不同于一般顾客,其专业性要求很高,因此,营销人员对所销售的产品或服务是否够了解、是否够专业、是否能给客户以信心,就成了成交的关键因素。做一个你所销售产品的专家和能够有自主话语权的营销人员,对促成业务非常有帮助。

(3)部门间协调配合:开发维护关键客户基本是一个专人来盯,但一个人面对组织型关键客户全面、专业的需求,往往显得能力不足,此时需要企业除营销部门外的职能部门的联动。以企业决策层领导与销售经理牵头,专职关键客户开发人员与营销部、策划部员工组成,业务人员在开发关键客户的过程中遇到难题可以随时向"智囊团"求救,及时化解困难,提高效率与成功率。

(4)关注竞争对手:关键客户没有与你合作,不是因为他们没有需求,而是因为竞争对手更好地满足了他们的需求。因此,对竞争对手的关注很重要。在了解关键客户情况的同时也要全面了解竞争对手的情况,包括他们的实力,可以为关键客户提供什么价值,底线是什么,弱点是什么,强项是什么等。了解得越清楚,战胜他们的把握越大,即所谓的"知己知彼,百战不殆"。

**案例三:争取关键客户"扶正"潜在客户**

C企业是一家既有创新研发中心,又具备生产实力的综合性企业,每年不断有新产品问世。虽然企业掌控着不少关键客户,但对于新产品,他们既想争取现有的关键客户,又想争取潜在客户。

C企业的管理决策层和营销及策划部门几经讨论后,策划了一些类似的营销活动,他们邀请顾客或是还没有成为顾客的潜在顾客,对他们的产品进行评价征文,对那些写好评的顾客给予较大额的现金奖励。即使这些顾客当时还不是该企业的正式顾客,也可以凭借印象猜想产品的特性,将企业的产品夸赞一番。看在奖金的份上,参加这种比赛,又不需要购买产品,很多人为了奖金而来,给企业写了很多言不由衷的好评。后来,奇迹出现了,大部分当时给予企业好评的潜在顾客,几个月后,都成功转化成了企业的正式顾客。也就是说,潜在顾客对企业和商家做出了好评(一种承诺)之后,为了让自己舒服,人的保持一致的本性就会使顾客履行承诺,从而转化为企业的正式顾客。

**分析:**

再好的商品,再好的服务,如果客户不接受,终为泡影。而在广泛的客户中,潜在客户,也就是我们常说的"陌生客户",又决定着营销市场的前景。要尽量用独特的策略和手段吸引顾客眼球,让客户对你的产品感兴趣。不要吝惜开始的付出,过后,你获得的就是相应的利润与报酬。

**对策:**

(1)保持良好心态:在营销过程中,营销人员经常要换位思考,多找自身不足,保持一个良好的心态。在营销过程中不能以个人的喜好去谈客户,必须具备一种能跟各种客户打交道的能力,比如:在营销过程中会经常感觉到有些客户怎么这么刁钻? 其实,并不是客户刁钻,而是我们无法采取与客户相适应的方式,从而造成了不必要的销售障碍。

(2)为客户创造价值:只有有价值的合作才能持久,不要以为达成初步合作就可以长久地拥有这个关键客户,想长期合作的唯一方式就是为关键客户的组织不断创造价值。营销人员要常与关键客户共享一些对其有价值的行业动态信息、销售数据、营销建议等。为客户提供大的价值要靠企业组织,一种组织战略层面的思考与决策,而这一点也正是一个企业长久生存与发展的关键所在。

(3)建立完善的服务制度:不仅树立"真正以客户为中心,全心全意为客户着想"的服务理念,还要建立服务管理机构,完善各项保障制度,主要是:设立关键客户部,设立专人负责关键客户服务质量管理,建立关键客户申告投诉管理流程,保证客户申告投诉得到快速处理,提高客户服

务的便利性和满意度等,进而提升关键客户的服务层次,全面保障关键客户优越服务。

(4)抓关键环节:广大企业,尤其是中小企业,唯有从本企业实际出发,大胆借鉴成功企业的经验,切实实施客户满意战略,采取相应策略,抓住关键环节,既争取关键客户的忠诚,又不断地把潜在客户"扶正"为现实顾客,才能不断地把市场和企业做大,让"赢销"之歌永唱不衰。

延伸阅读:

## 微信如何打造传统企业的移动互联网"水池"

游戏是微信商业化的第一站,而且很成功。自微信5.0版本接入游戏后,其主推的多款游戏均表现不俗,尤其《天天酷跑》据称月收入已过亿元。

如果故事只是讲到这里,微信为腾讯带来的充其量还只是"中国最大游戏公司"的名号,这是腾讯在PC互联网时代就已经打下的江山。事实上,微信的能力不止于此,腾讯的野心也不会就此止步。

2.7亿月活跃用户、超过200万公众账号、日分享图片过亿张——微信在中国移动互联网的第一入口地位,给了腾讯一个超越"互联网娱乐公司"标签的理由。微信的社交磁场也对中国众多憧憬移动互联网的所谓传统企业产生了强烈的吸引力。

微信与传统企业之间还能产生怎样的化学反应?下面是媒体对微信产品部助理总经理曾鸣的专访。

问:现在,微信的势头很好,很多传统企业都对自身基于微信的商业机会寄予厚望。不过,腾讯内部有好几个团队都在围绕微信发展商家,比如微信自身的运营部门、财付通、微生活、电商等。外界想知道的是,这些不同管道之间的商务条件是否存在差别?腾讯对不同管道之间是否有分工机制,以减少外界在选择时的困惑?

曾鸣:微信对外开放的接口是统一的,没有任何的侧重,各个渠道提供的商务条件也基本一样。

腾讯的很多业务发展了很久,有各自固定的客户群体,外部企业之前跟哪个业务部门熟,可能就会去找相应的对接人。但不同的渠道,条件是一样的,微信开放出去的就是这些能力,完全是对等的,流程也是一样的,最终都要商家网上申请认证。商家去业务部往往是了解信息、产品或技术上的问题, 到最后还是要按照公司的统一标准流程来进行申请和办理。


问:除了之前公布的9大开放能力,未来微信还能对传统企业提供哪些价值?

曾鸣:原来传统企业的每次销售行为都好像是一个过水沟的感觉,如果买了流量,买了广告,市场是有反应的,但是活动过后,流量用完、时间效应过去后,之前水流的记录就会被完全抹干;而微信做得像一个水池一样,用户通过微信支付,每一次发生的交易行为都可以帮助商家记录,而且事后可以直接找到,两者可以产生密切的交流和沟通。

因为微信具有几个重要能力:一个是用户基础,微信有2.7亿的月活跃账户数,有庞大的用户群;微信有支付能力,微信支付是一种支付工具;微信还具有很强的社交能力;在此基础上,微信又提供了公众平台、开放平台。这几种能力构成可以给传统企业在移动互联网上带来很多商业机会。这就是水沟和水池的区别。

微信在不断发展,会有很多的能力不断提供出来。比如说在用户登录环节,微信提供的登录能力不用再输入账号、密码,只要点按钮就可以进

入商家的App,或者通过扫码的方式就可以登录商家的网页,免登录。这意味着,一个商家在移动互联网上不用再建立自己的账户体系,就可以触达大量用户。建立用户账号体系需要很大的门槛和管理的要求,这是专业的互联网公司干的活,对于传统行业来说,用户通过微信登录时,就能带上他们的基本信息,例如头像、昵称等基本资料,这些在用户授权的情况下都可以给到商家。

微信支付可以提供一键扫码等支付能力。好几个以前的电商的合作伙伴都说,还没来得及感知,整个支付过程就已经完成了。

支付完之后,对于传统行业来说,交易活动已经完成,但对微信来说才刚刚开始,我们还提供了通知和互动的能力。尤其是实物商品,可以提醒什么时候出货,送货送到哪,或者改约时间,都有标准的信息提供给商家。现在的易迅网、大众点评可以展现这些效果,有很好的用户口碑。

还有一个分享的过程。大家都知道朋友圈是很重要的社交工具。我们一天的图片量已经达到1亿,社交的过程和活跃度都非常高。朋友间的分享带来的扩散效果是非常好的。最近天气冷,同事买了易迅的加热器,推荐发到朋友圈,身边大概有20多个同事都去买了。

问:你说的微信账号登录、微信支付什么时候能向外部商户提供接入申请?

曾鸣:目前还在做最后的研究和测试,合适的话将提供给大家。一个接口从技术化的接口到开放给公众使用需要测试,包括测试系统的稳定性和安全性。我们会选择个别的商家进行测试,包括招商银行等,最近电商接入的会比较多一点。

我们知道大家的期待,但开放是微信的基本态度,也是一种能力,现在我们也在不断努力,去补齐这种能力。一下子接入大批量的商户申请审核认证,工作量是巨大的,我们尽量寻找简便和安全的方式,让商户尽早进驻,努力朝这个方向去做。

问:我们看到很多商家在微信上很成功的案例,但也有很多传统企业对怎样运用微信还不得要领。传统企业对微信工具的利用,是否存在一些误区?

曾鸣:上次和小米的合作,9分55秒,15万台小米手机就卖完了;还有我们和点评网的合作,一键登录,避开了手机或者邮箱等麻烦的验证过程,收入获得了快速增长;还有蘑菇街,双十一前接入,目前微信支付的销售已占其总流水的50%。很多商家还专门提供微信价。

再比如说广州交警,他们接入微信的服务号后,想了很多方法,开发了一个新功能,通过微信通知到的违章停车司机,10分钟内开走就可免罚。这个功能打算元旦左右上线。航空公司也在寻找行业和公众号的最佳结合点,目前全国二十几个航企都已经有了专业的公众服务号,南航将走在最前面,现在已经提供买票功能。

说到误区,确实,一开始公众号推出之时,很多人蜂拥而至,但对公众号的理解有限,只是盲目追求订阅数,信息重复地发。微信在构建时没把它当做营销工具,我们能够理解商家的营销需求,但应该用优雅而不是粗暴的方式达到短期的目的。如果每天醒来都会看到公众号就跟垃圾邮件差不多,已经偏离了初衷,所以才有了订阅号和公众号的隔离。

还有,就是有些企业进行恶意传播,诱导用户,让用户不断刷朋友圈,送什么东西或者奖什么东西,这对朋友圈生态有很大的伤害。微信连接着消费者和商家,我们的链接要良性、可循环、可发展。

我们也提出了新的微信认证体系,这些都是为了保证开放平台的健康和安全。不过,这也让很多企业担心,公众平台是不是要收费了。要再

跟大家重申一次,我们没准备通过这种服务进行收费,这是开放平台的基础能力,认证费是第三方认证企业的成本。

问:目前,除了认证环节需要收费,其他都是免费,那未来生态成熟会怎么考虑盈利问题?

曾鸣:在这个平台还没建设好的时候,过早考虑这个问题没有必要。对我们来说,现在最重要的任务是把基础能力打造好,构建好整个生态,包括认证和开放能力等都需要不断加强。至于收费问题,还言之过早,暂时不会考虑这个问题。

问:腾讯的强项历来在线上,因此在电商、团购等对线下能力要求比较高的领域都表现得不如人意,微信在发展O2O上怎么规避线下的短板?

曾鸣:我倒不这样看,不管线下线上,如果能提供有生命力、有价值的东西,就能让商家接受商业方案和解决方案,关键还是产品自身的价值。为什么放着一个有价值的东西不用呢?我们完全有信心做好。

问:腾讯在3Q大战之后,一直强调开放平台,但微信在支付上用的是财付通,精选商品由易迅运营,游戏平台上都是腾讯自研产品,这可以被认为微信在开放上的局限性吗?

曾鸣:微信一直是完全开放的心态,可能前期或者现在你看到的只是一个点,很多东西都在尝试,你必须给我们时间和空间,把开放的能力和基础准备好。这个过程需要紧密配合,内部业务可能结合得更快,但我们开放的心态没有任何问题,微信开放的力度和决心是大家可以看到的。

游戏是由腾讯移动游戏开放平台统一接入到微信、手Q、QZ(QQ空间)等多个平台,前期的游戏是腾讯自营的游戏为主,也是因为处于测试

过程,现在已经有第三方游戏平台计划上线,《水果忍者》、《僵尸》都已经
签约,即将上线。


问:现在,腾讯内部很多产品也在争相搭上这条大船,比如说支付、电
商、安全等,这些产品在各自的细分市场未必都是第一阵营,这种搭便车
的行为也可能影响到微信的用户体验,腾讯团队是不是也很纠结?

曾鸣:微信做任何事情都会以用户体验为重,用户体验是腾讯、也是
微信的核心价值观。刚才说的内部合作关乎公司的整体战略问题,很多
都是在初步尝试过程中,我们不好讲结果,现在还在过程中。在不伤害用
户价值和体验的前提下,很多尝试我们是可以做的。

# 第六章

# 微信时代的移动电子商务

## ——让客户都在你的手机中

　　微信时代，你的客户都在你的手机当中，带上你的手机就可以做生意。每一个互联网的新工具和媒体的诞生，都会衍生新的财富，当然，也在改变人与人之间做生意的方式。

# 1.淘宝卖家如何玩转微信营销？

淘宝已经成为了亚洲最大的电子商务交流平台，在互联网上做生意必须要依靠大平台，来获取源源不断的顾客，因为这些大平台每一天都有成千上万人关注。那么，淘宝应该怎样做好微信营销？

下面这篇文章，是电商圈内热议的话题，某电商资深人士在推荐此文时说："看了这文章以后，我觉得自己之前的观点都是错的。文章从开始简单做微信粉丝，到搞活动来吸引粉丝，然后谈到如何维护粉丝，如何发广告引导粉丝购买，有具体数据，也有实操技巧，很有参考性。"我们不如一起来看看原文。

微信公众平台推出后，我就开始关注这个新鲜玩意。以我8年互联网从业经验直觉，它将会是一个绝佳的营销工具和互动平台，所以我8月底就开通了以品牌名称为名称的微信公众号。

开始，我们把微信公众号所关联的QQ号、二维码和微信号放到官网、淘宝店、官方微博，一周后延伸到产品手册、海报、宣传单页、产品外包装上，并印制了一批小贴纸，给买家寄出的每一个盒子上都贴上微信二维码和QQ号。高峰时，我们一天500多张订单，少的时候一天几十张订单，每天大约有十来人关注。

老板觉得涨粉太慢，于是我连续策划了两个关注有奖的活动，关注后赠送试用装。因为我们是做化妆品的，这样既可增加体验用户，挖掘潜在买家，又可以搜集用户资料，细分的资料包括肤质、年龄、性别、手

机号在内,我们把它根据肤质进行分组,方便针对性服务和营销。两个有奖活动包含寄发试用装费用在内,共计耗费了4000多元,吸引来2000多个粉丝。

开始,我们每天发一次和护肤有关的资讯,很快发现这样频次太高,容易掉粉,后来我们调整为每两三天发一次,并用多图文的形式在下面附带发上店里的促销,促销信息的正文内容下方的来源添加上淘宝对应宝贝链接。我很清楚微信营销的核心是互动和粉丝活跃度,而非粉丝数量。

**如何提高活跃度和互动量?我们做了以下几个类型的活动:**

(1)搜集粉丝反馈意见,罗列选项,让用户选择,并做好分类,按照不同的组别发送不同内容。

(2)时不时搞一点趣味测试活动,尽量把星座和护肤关联起来,因为女孩子天然对星座狂热,在用户提交选项后,自动回复的信息末端会附带店里的促销信息,一举多得。

(3)搞有奖问答活动,就是把正确答案作为下一道题目的关键词,而用户要回答题目,则需要到官网上面了解我们的信息,以此加深粉丝对我们品牌的了解。同时,还鼓励拿到奖品后到微博上晒单,我们帮它转发,毕竟微博有好几万粉丝,用户非常乐意。

(4)这是很快就要做的,就是微信导购,让用户根据不同的肤质和功能诉求,例如祛痘、缩小毛孔等,我们会给这些关键词发送相应的产品推荐或二次细分,例如按照肤质再细分,给予更合适的产品推荐。因为目前只有5000多微信粉丝,暂时还不太需要做这些,另外也是目前负责维护的客服还能应付过来。

为了检测微信上的购买效果,我们也搞了一次活动,在微信上群发信息,告知用户购买产品后可以额外免费获得唇膏,以前购买过的也可以,获取办法是在旺旺告知购买单号并说出暗号微信二字,我们就会免费赠送。时间是11月中，一共来了100多张订单，当时粉丝数2000出头。我们安排了专人及时回复粉丝的问题，每月搞两次促进粉丝活跃的活动，定时发送用户感兴趣、关心的美容护肤资讯，并附带广告信息，就这样，来自微信的订单达到了10%以上。

**微信营销心得**

内容为王，兼顾终端。每次编辑好内容，先发给系统是安卓和iOS的同事，看看微信预览效果，手机上的效果很大程度上决定了该条资讯的阅读率和链接点击率。塞班系统基本上不用去管它了，极少有塞班系统用户会用手机上淘宝购买产品，反正我是没遇到过。

关于宝贝链接，微信上有添加来源的链接，一定要放上淘宝的宝贝链接，到达用户后，用户点击直接跳转到淘宝移动页面上，并可以通过所关联的支付宝移动端进行支付。如果放自己独立B2C的链接，微信会提示有风险，这会过滤掉一大堆用户，这意味着什么不用多说了。感觉现在用手机上淘宝和购买的用户越来越多了。

关于人员维护，主要是安排客服和策划同时登录微信公众平台。微信公众平台是可以支持多人同时登录的。策划需要通过感知用户的回馈来进一步思考接地气的活动策划。基础准备要做好，还没开通微信公众号的商家建议去找一个尽量能让用户过目不忘的QQ号来注册公众号。用户关注公众号一般是搜索公众号名称（认证后）、QQ号和微信号。微信号和QQ号具有唯一性，但微信号一般较难让用户记住；而QQ号在未来将有点类似电话号码，好的号码用户容易记住；二维码扫描受制于网络和手机的系统响应速度，有时比较迟缓，不如QQ号方便、直接、易记。

服务一定要好，态度一定要亲切。做淘宝的不用说，服务自然杠杠的，但这里还是得强调一次。微信沟通是私密性的，不像微博，与用户的互动程度会深很多，甚至会有各色人等前来骚扰，客服尽量要克制，千

万别与其对骂,以免用户抓住把柄。之前有客服被烦得不行,说对方人品有问题,聊天记录被截图放到微博上,影响很不好。

做好用户分类基础上的个性关怀。一般我们会坚持按照地域和肤质的特性来提醒用户注意季节变化时的护肤指引,如东北油性敏感肤质的用户冬天要用什么洗面奶、护肤步骤等,用户会很喜欢,感觉这是为他们量身定做的,如此自然对你好感倍增。

关于信息频率和推送时间,前述说过了,两三天一次为宜,毕竟用户的碎片化时间有限,太频繁会导致用户反感而离你而去,还会加大维护工作量,因为你要绞尽脑汁去编辑组织确保所有用户都喜欢的内容。每次推送具体时间建议选在周一和周四晚上8点以后,8点以后人的心情会好很多,而且根据我的统计(统计工具可以使用皮皮,皮皮可以精确统计到有多少用户阅读了你的内容,有多少个分享到朋友圈,乃至分享到朋友圈后多少人来到你的公众平台,并成为你的粉丝),晚上发布信息的阅读率和到店率会高很多,周一是周末综合症明显期,用户的购买和阅读更活跃,而周四则是黎明前的黑暗,用户开始琢磨周末的事情,这时候也容易接受带有促销信息的实用资讯。

说到这里,顺带提一下我的个人理解,未来电子商务的最大对手不是传统零售,而是深邃复杂的人性。

大胆投入。不敢说我们微信方面投入是最大的,但我敢断定在同级卖家中,我们的投入肯定是最大的。微信方面值得大力投入,大胆投入的原因在于它是一个很适合进行用户转化、深度沟通营销、提高用户黏度、促发客户多次购买、维系用户关系的绝佳工具。

关于哪些产品适合做营销,我认为淘宝上的所有产品都适合,包括卖一次性产品的,例如家电、手机等,这个完全可以根据产品的生命周期,定时推送保养信息、使用秘笈、与其他产品使用搭配的技巧、关联产品推荐例如充电器等,乃至提供付费增值服务,都是完全可行的。这个会有点远,但我认为微信的崛起至少给我们带来了实现的可能。

**个人微信账号价值是公众账号的1000倍?**

不少成功的淘宝卖家提醒,要做好个人微信账号,因为它最有价值。

(1)淘宝导流锁住顾客。

我们知道,每天都有成千上万的人在淘宝上购物,每天都有很多的潜在顾客进入我们的淘宝店,关键是怎么快速地把这一部分潜在的顾客锁在我们的微信当中。要想锁住潜在顾客,最好的办法就是送价值、给利益、做活动。

在自己的淘宝店上放上微信二维码给潜在的顾客来扫描,只要成为微信顾客,就打8折、送免费产品、送积分、免邮寄费用等。

(2)做好个人微信账号,它的价值是公众账号的1000倍。

为什么说个人微信账号是公众账号价值的1000倍呢?因为公众账号经营起来很费时间,每一个星期你都要花时间来写文章,寻找有价值的内容,要经营好是一件很困难的事情。我们知道很多淘宝卖家一个店只有一到两个人来打理,更重要的是,你不会写作,想把公众账号经营好是一件很困难的事情。所以,淘宝卖家只要做好个人微信账号就可以获得更多的订单。

1)个人微信账号管理起来很简单,每一天只要写上三四十字的有价值的内容,就可以很好地跟顾客进行互动、交流并且不影响顾客的生活。

2)个人微信账号可以快速展示自己淘宝的产品,顾客有需要就可以跟你沟通,并且进行购买产品。

3)一对一的沟通能快速建立信任,个人微信能起到一对一的快速沟通,并且产生信任感。顾客越信任卖家,成交就越容易。

4)可以随时进行产品促销。通过个人微信进行产品促销变得很简单,拍一张新产品的照片分享到自己的朋友圈里就可以了,不用像公众账号一样,写文章、制作精美的照片等。

# 2.视频、影音游戏类平台在微信时代的生存模式

视频,特别是影音游戏类的平台成本较高,平台一边是视频服务的规模化用户,另一边又是视频平台的内容提供方。这些内容提供方简单来说可以分成两类:一类是专业化的内容提供机构,比如影视拍摄机构、版权中介服务机构等;另一类就是典型的UGC(用户生成内容),就是由用户自己拍摄上传内容所构成的视频平台的上游。而平台上,还包括广告主或广告中介机构,它们一般构成了视频平台盈利来源的核心。平台下方一般包括电信运营商、终端商,其中终端商又可以分为PC、手机、电视等多种终端形态。这就是视频平台的一般结构。

**视频平台的赢利模式**

简单地说,视频平台的赢利模式只有两种:第一种是把视频的内容以收费的方式提供给用户,也就是说向用户收费的模式;第二种模式,是把通过视频服务所换取的规模性流量转换为广告收入。

细分来看,又可以分为以下几种模式:

第一种是付费点播,也就是在线观看版权节目的盈利模式,这种模式主要靠用户通过在各种支付平台点播节目在线收看,从而形成比较稳定的点播收入,再扣掉运营成本和版权成本就是盈利。这里面又包括按时长收费和包月收费等模式。其中,视频平台需要做的就是不断降低版权成本和不断扩大点播量。

第二种模式叫做下载收费盈利模式,这种模式跟前一种模式非常类似。这种模式并不是用户在线收看,主要是用户下载收看,包括下载到本地电脑或MP3、手机、平板电脑等。而这一类模式需要做的同样也是不断降低版权成本,扩大下载量,提高下载速度。

第三种模式是转售的盈利模式,也就是把网站的视频平台的这些内容,卖给网吧业主,再由网吧业主提供给网吧的顾客付费或者免费观看。

第四种是网络转播权的经营,也就是视频内容的分销。一部影视作品如果被视频平台所购买,那么通过有序的传播、分销,理论上讲是可以盈利的。从这个意义上讲,视频平台越来越多地成为内容提供方的一种新型渠道,因为以往的渠道只有电视一种,但现在随着互联网快速发展,视频平台开始越来越多地成为影视内容的另外一种非常重要的分销渠道。

第五种是直播的盈利模式,把一些及时性、实时性很高的体育赛事或国外电视内容实时传递。在这种过程中,一般来讲,视频平台是通过直播作为视频媒体提供独家内容的发布、传播和多种媒介的转用共享。

第六种是深加工的盈利模式,也就是在原有的视频内容基础上,经过专业化的剪辑、组合和包装,形成更有市场的产品,而且这些产品不只局限在自身的网络来盈利。

第七种就是视频平台的多终端盈利模式,也就是说把视频内容通过不同格式、不同码流进行转置,再通过一定的营销策划,在电脑、电视和手机等终端播出,产生多种盈利渠道。

以上的7种盈利模式,本质上讲都属于基于视频内容的销售和增值开发。当然,更重要的是说视频平台通过提供视频内容在广告方面的收益。

第八种盈利模式,我们把它叫作通过版权换广告的盈利模式,也就是说,消费者是完全免费的点播观看或者下载观看,视频平台主要依靠广告盈利,把流量转化成收入。这里面流量是如何获取的呢?一种方式是视频平台通过网站联盟来买流量,就是与像百度、网易、新浪、搜狐等网站进行战略合作,来提高自己的流量和用户数;另外一种方式就是通过视

频平台自身的宣传推广,作为客户视频观看的首选平台而直接获取用户的流量。

第九种叫社区广告盈利模式,它的本质与第八种类似,仍然是用户免费,但是用户点播在线观看或下载观看的是网友上传的节目,主要还是通过广告盈利。这种情况的互动性非常强,由于网友上传的节目类别、内容参差不齐,因此这种盈利模式的关键在于广告开发和营销策划,需要根据内容以及由此适配的目标客户群的不同而进行广告的多种形式的开发。

除了以上9种盈利模式之外,视频平台还有一些衍生性的盈利模式,比如包括盗版视频的监测服务,视频搜索网站的搜索服务,面向电视台提供视频数字化加工服务,给视频平台提供相关的技术服务等。

**微信时代,类似的高成本平台在盈利方面的出路**

我们试图通过既有的商业实践的研究,来分析一下微信时代,类似的高成本平台在盈利方面的一些出路。

第一,千方百计拓宽自己的流量入口。

数字消费类的高成本平台流量提升的方式大体上包括以下几种:第一种方式是通过广告联盟代理,在互联网网站上进行广告推广,比如,视频平台通过广告中介公司的服务,进行自己的广告代理,在一些阅读类的网站、下载软件类的网站上,嵌入自己的广告,向自己的网站导入流量;第二种方式比较典型,就是与门户网站和搜索引擎进行合作,比如,通过引擎向自己的网站导引流量, 这是视频网站相当重要的流量来源,以酷6网为例,来自百度的流量导引占20%;第三种方式是通过网站联盟、网络站址的推广等;第四种方式就是进行SEO(搜索引擎优化)技术,通过对自己网站的结构、关键词的改变,确保自己能够出现在搜索引擎页面的顶端;第五种方式是与其他的一些网站开展合作,比如与一些大网站流量的合作,或者与中小网站的流量互换,可以看到几乎所有视频平台都在与别的网站进行流量交换;第六种方式往往很重要,不能忽视,那就是线下的品牌推广。视频网站天然有接近娱乐传媒的色彩,因此它们会积极参与一些娱乐界的重要活动,还会比较多地运用一些传统媒体进行自己本网站品牌的一些推广。甚至很多时候,这些平台会运用一些明星级人物的某些事件进行炒作。拓宽流量入口这件事情,对于视频平台而言,几乎是一个生死攸关的基本问题。没有强有力的品牌知名度和规模性流量,整个平台的商业模式就无法运转,这是高成本平台商业模式得以成立的商业关键。

第二,积极部署"多屏+云计算"策略。

随着移动互联网的快速发展,各种各样的终端包括手机、平板电脑等在快速增加。如果希望一个用户可以在全天候状态下使用视频服务,这需要视频平台积极进行多屏部署。可以看到,包括腾讯视频等众多的视频服务提供商,都针对苹果的iOS系统和安卓系统推出了相应的视频客户端产品。更进一步的是,腾讯开始推出跨终端、跨平台的云服务,包括能覆盖到各种操作系统的PC、手机侧。在应用上,支持多类型终端的意义在于,能够使用户在进行不同状态、不同终端切换时保持观看的流畅性,这很大程度上是通过云计算技术来实现的。因此,总体来讲,视频平台必须要解决的是对于手机、电视、电脑、平板电脑等多种终端形式的匹配部署,只有这样才能够成为吸入用户流量的重要源泉。

第三,借助社交化,持续提升客户黏性与活跃度。

只有流量是不够的,必须要把这种流量转化成相对黏性的能量,否则这些流量极有可能像一滩工业废水,毫无价值。曾经有人打过这样的比方,很多视频平台所聚集的流量是很狭窄的一条小路,而且客户匆匆而过,也就是说,它不具备把客户长久留住的条件。这对视频平台构成了非常大的挑战。视频平台围绕这方面做出了非常多的尝试。现在总体来看,有助于增加视频平台客户黏性的最有力的手段就是社交化,也就是给视

频平台加入社交的要素。

当人们通过移动终端或者是PC来观看视频节目的时候，往往并行存在着网络社交的需求。我们可以这样理解，他们在看视频的时候需要与朋友交流，或者说在他们交流的时候，有时需要分享一些视频。无论这些沟通是何种形式，比如说即时通信的聊天、微博、SNS发帖子，这些社交元素本身也构成了视频平台客户黏性的重要组成部分。视频平台的客户黏性，不仅依赖于内容，也依赖于社交元素。

视频内容在社交元素的支持下，其分享的意味大大强化。对于一个被分享的视频，当对浏览内容发表评论的时候，人们其实也在与朋友们进行沟通。这意味着用户在观看内容的时候，如果能够针对内容发表评论，并邀请其他人也这么做，事实上相当于建立了以内容为中心的一个小型社交网络。

从社交的角度看，视频可以增强社交的深度，展现出社交的价值。例如，想多人多用户在社交中分享某类特别话题，人们往往会根据"人以群分"的原则构建自己的社交地图或人脉圈子，与朋友分享一类感兴趣的话题。这对于视频的价值在于，内容的制作可以与社交的某类主题更加契合，这样的视频内容可以更容易找到目标受众。换句话说，代入社交要素的视频，更容易帮助上游的视频内容制作环节进行精准的内容制作，也有助于广告主投放更精准的广告。因此我们认为，趋势将是要么社交视频化，要么视频社交化。

第四，打通内容版权方面的障碍。

对于视频平台来讲，必须要做的一件事情就是贯通上游内容。比如RealNetworks，事实上其同样存在版权的问题，它们在2001年年底收购了一些版权管理公司，其意图就是希望通过资源整合，获得更多的音乐内容资源。

从中国本土来看，视频平台纷纷投入巨资在自己的内容资源上。搜狐在2012年投巨资进行了15部热播电视剧的购买，包括2011年为人所熟知的《新还珠格格》、《永不瞑目3》、《步步惊心》等热门电视剧。此外，比较典型的像腾讯，推出了大剧托管的模式，不仅仅是把自己作为一个内容的发布者，更介入到整个内容产生的上游环节，从剧本和演员选择、拍摄等阶段就开始介入，并且综合运用腾讯综合平台的优势，包括腾讯视频、腾讯网、腾讯QQ、腾讯微博、QQ空间、朋友网、QQ游戏、QQ秀、腾讯音乐9个平台进行全面推广。因此，腾讯视频实际上采取的是与出品方、编剧方、电视台、用户和广告主共同盈利的这样一个全链条模式，这是一个非常典型的内容贯通的策略。

具体来说，进行内容的整合大体上包括以下几种手段：购买版权，比如购买电视剧、电影和综艺节目的内容版权，这里面还可以分成购买独家版权和非独家版权；购买信息网络传播权再进行分销；利用节目版权期限特点，进行海量老片的版权购买；与版权商分账，也就是说不通过一次性买断，而通过分账的形式进行购买；与其他具有版权资源的网站进行合作，通过合作来换取版权，比如说迅雷通过技术服务提供来换取相应的内容；UGC的模式，通过网友上传获得民间创作内容；交换的模式，包括与内容集成商、内容提供商进行合作性的交换；与明星和影视集团进行合作，比如帮明星建立一个全球独家的官方视频网站等；最后一种就是自己制作，现在越来越多的视频平台开始自己打造自己的内容源，不断提升自己自创内容的比例。

第五，卓有成效的广告售卖。

有了内容，有了流量，有了客户黏性之后，创造价值的关键就在于广告售卖。视频平台为了最大化自身的价值，需要把流量进行有序分类，以多种广告形式提供给广告主选择。从形式上来看，视频平台的广告包括图页图文广告、图文对联广告、旗帜广告、通栏广告、按钮广告、文字链接广告、视频贴片广告、爬虫广告、播放器广告、视频弹出广告、完全软广

告、植入广告、插件广告、背景广告和在线视频的公告以及活动的一些广告等。所有视频平台都通过非常精细的流量分类以及非常多元的广告形式来创造最大的价值。

# 3.移动电商时代,品牌主如何做好微信营销

移动电商时代来临,你是否已经拿出了当年奋战各大电商平台的勇气进军微信呢? 为此,你又该做好哪些准备?

**什么是移动电商时代?**

移动电商的全称就是移动电子商务,指的是利用手机、PDA及掌上电脑等无线终端进行的B2B、B2C或C2C的电子商务。它将因特网、移动通信技术、短距离通信技术及其他信息处理技术完美地结合,使人们可以在任何时间、任何地点进行各种商贸活动,实现随时随地线上线下的购物与交易、在线电子支付以及各种交易活动、商务活动、金融活动和相关的综合服务活动等。

移动电商具有如下特点和优势。

(1)方便。

移动终端既是一个移动通信工具,又是一个移动POS机,一个移动的银行ATM机。用户可在任何时间、任何地点进行电子商务交易和办理银行业务,包括支付。

(2)不受时空控制。

移动商务是电子商务从有线通信到无线通信、从固定地点的商务形

式到随时随地的商务形式的延伸,其最大优势就是移动用户可随时随地获取所需的服务、应用、信息和娱乐。用户可以在自己方便的时候,使用智能手机或PDA查找、选择及购买商品或其他服务。

(3)安全。

使用手机银行业务的客户可更换为大容量的SIM卡,使用银行可靠的密钥,对信息进行加密,传输过程全部使用密文,确保了安全可靠。

(4)开放性、包容性。

移动电子商务因为接入方式无线化,使得任何人都更容易进入网络世界,从而使网络范围延伸更广阔、更开放,同时,使网络虚拟功能更带有现实性,因而更具有包容性。

(5)潜在用户规模大。

目前,我国的移动电话用户已突破11亿,是全球之最。显然,从电脑和移动电话的普及程度来看,移动电话远远超过了电脑。而从消费用户群体来看,手机用户中基本包含了消费能力强的中高端用户。由此不难看出,以移动电话为载体的移动电子商务不论在用户规模上,还是在用户消费能力上,都优于传统的电子商务。

(6)易于推广使用。

移动通信所具有的灵活、便捷的特点,决定了移动电子商务更适合大众化的个人消费领域,比如自动支付系统,包括自动售货机、停车场计时器等;半自动支付系统,包括商店的收银柜机、出租车计费器等;日常费用收缴系统,包括水、电、煤气等费用的收缴等;移动互联网接入支付系统,包括登录商家的WAP站点购物等。

(7)迅速灵活。

用户可根据需要灵活选择访问和支付方法,并设置个性化的信息格式。

电子商务服务选择越多,提供的服务形式越简单,将会看到移动电子

商务越快发展起来。

**移动支付的多种方式**

支付是商品和货币的交换行为。而货币本身从商品中分离出来固定地充当一般等价物的商品，也就是特殊商品。货币是商品交换发展到一定阶段的产物，货币的本质就是一般等价物，具有价值尺度、流通手段、支付手段、贮藏手段、世界货币的职能。历史上不同地区曾有过不同的商品交换充当过货币，后来货币商品逐渐过渡为金银等贵金属。随着商品生产的发展和交换的扩大，商品货币(金银)的供应越来越不能满足人们对货币日益增长的需求，于是又逐渐出现了代用货币、信用货币，以弥补流通手段的不足。

进入20世纪，金银慢慢地退出货币舞台，不兑现纸币和银行支票成为各国主要的流通手段和支付手段。在中国人还没有完全适应从纸制货币进化到"塑胶货币"(信用卡)的今天，网络银行、手机钱包等第三方支付工具已经在悄然地改变着我们的生活。

过去10年，随着电子商务的迅猛发展，电子支付已成为网购的"标配"，那么O2O商业模式下的移动支付又会变成什么样呢？

在O2O交易环节中，我们最关注的是出门可以不带钱包，一部手机就可以帮你解决问题。随着国内3G的逐渐普及，移动支付的需求日渐庞大，随时、随地、随身付款，就是移动支付将要带来的生活。

移动支付是"杂交品种"，是移动通信业和金融业结合的产物。由于其品种优良，已成为时代发展的必然趋势。

目前，中国手机用户已经超过11亿，就家庭渗透率而言，更是已在95%以上。相比传统的支付手段，移动支付的优势非常明显，有着太多现实意义，譬如，能为那些小本买卖带来生机。以前兜售作品的街头画家处境艰难，自从用上了手机支付，画竟然出奇地好卖。原来，并非作品无人赏识，而是路过的潜在买家嫌掏钱买画太麻烦。

目前,"移动支付"已在国内外支持平台的努力下成为现实,业内总结了以下10种支付方式。

(1)二维码支付。

打开手机上的支付客户端,其中有一项二维码识别功能,可以用来拍摄和识别印制在各种物体上的二维码商品信息,识别后,消费者可以看到这个商品的详情,如果觉得合适,就可以直接点击付款,在网络账户中完成交易,商品再由快递员送到家里。

目前,这个手段已经应用在生活服务类支付环节,支付宝最近正式发布首批出租车收款专用"二维码",乘客只需用客户端拍下二维码,即可输入金额完成付款。

(2)NFC手机钱包。

通过在手机中植入NFC(近距离无线通信)芯片或在手机外增加NFC贴片等方式,将手机变成真正的钱包,这些芯片或贴片中包含有用户的银行卡信息。另外,在付钱时,需要商户提供相应的接收器,刷一下,便捷付款,整个过程就像是在刷公交卡。

(3)"摇一摇转账"。

打开支付客户端,拿出手机"摇一摇",近距离范围内的对方账号就自动识别到你的手机上,接下来就是在手机客户端上输入金额和收款付款了,是朋友聚餐凑份子、小店老板结账的"利器"。

(4)短信支付。

短信支付由来已久,发送一串字符到指定号码,就可完成手机充值等各种支付,不过现在有了更多演绎。比如,通过短信支付缴纳水电费,第一次使用时,需要通过个人电脑,在第三方支付网站登录账户,交完水电费后选择"缴费提醒",此后每个月到缴费时,支付公司将自动发来短信,回复3个验证码,水电费就交完了。

(5)"地理围栏"识别、"看照片"确认支付。

当你到达一间咖啡厅百米的范围之内，咖啡厅正在使用的支付应用会启动"地理围栏"技术，自动感知到你的到来，调出你的账户、名字和照片等资料，同时也会向你发出通知。一旦你收到通知，确认购买一杯咖啡，到达咖啡厅后，你只需要说出名字，收银员看着照片确认那就是你，就可以按下支付确认键完成支付，你就可以端着咖啡走了。很快，你还将收到一个推送通知，告知消费了多少钱并得到一份电子发票。

(6)语音支付。

服务提供商首先在电视广告中嵌入特定的语音命令，而手机上则安装相应的支付应用，这两端一个用来"说"，一个用来"听"。当你在看电视时，只要把支付应用打开，手机就能接收和识别广告里嵌入的语音波段。比如说，广告里提到某某运动鞋，手机客户端就会发出一条通知，询问用户是否需要购买此商品，接下来就引导你到达付款页面。不过，目前这项技术尚未完全投入商用。

(7)图像识别支付。

输入银行卡的过程往往让网购者烦不胜烦。图像识别支付，是使用手机摄像头来读取信用卡信息，包括信用卡号码和到期日。用户在支持这种支付技术的网站购物后，网站会提示用户打开手机，"拍摄"自己的信用卡，在拍完照后，程序会自动准确辨识信用卡信息，经用户确定后再选择付款。

(8)超声波识别支付。

利用超声波，让手机通过麦克风和扬声器就能完成一次近场"相认"，而不必依赖专用芯片，不用改造手机，用户体验和所有"刷手机"付款的方式一致。

(9)随身刷卡器。

随身刷卡器可以用来识别各种银行卡，从而实现随时刷卡消费或缴费的目的。刷卡器很小，呈正方形或长方形，可以轻松插入手机中的耳机插孔,安装后,打开应用就可以刷卡了。

(10)条码支付。

这个支付方式更像是"条码收款"。通过安装支付客户端,你的第三方支付账户可以生成为一个条形码,而收银员用条码枪在用户的手机上一扫,用户点下同意支付的按键,一次付款就完成了。

移动支付让我们的生活更加便捷,同时其庞大的潜在市场规模吸引了包括金融机构、电信运营商和第三方支付厂商在内的大量参与者。而从上游的芯片制造,到中游的支付平台设计、安全服务,再到下游的专用读卡器如POS机制造商,都有望在即将到来的移动支付浪潮中分得一杯羹。

移动支付在O2O交易行为中,主要解决平台运营商收益问题,激活平台运营商利益保障;把顾客冲动型消费转化为真实消费力,提高消费转化率。随着移动支付标准更加清晰,移动支付的成熟与发展,使得用户能更加便利地享受O2O服务,这对于移动互联网时代的O2O交易行为具有最重要的促进作用。

**为什么说微信适合做移动电商?**

15万台小米手机3微信专场抢购活动12点准时开启,短短9分55秒,15万台小米手机3即被抢购一空,创造了在移动电商的抢购"神速度"。这再次展示了小米受消费欢迎的超高热度,也充分见证了微信强大的电商潜力。

据了解,本次小米手机3微信专场有两个通道,一个是"小米手机"的微信公众账号,另一个是微信为本次合作特别设置的极速抢购入口,在"我的银行卡"中设置的"小米手机限时预约"专场。用户在任一通道中用1分钱获得预约资格,即可在28号当日正式参与抢购小米手机3,预约和购买均在微信平台完成,支付手段全部使用微信支付。为了增强活动的吸引力,双方均拿出了各自较为核心的资源来回馈用户。如小米方面,针对微信专场设计了专门的"微信价"礼包:包括5元现金抵扣券、米兔微信表

情包、小米手机3的抽奖资格;而微信方面,则首次对非腾讯系的商家开放了"我的银行卡"入口,并专门为预约成功的用户开通了专属表情包的下载接口,这使得小米预约购买再度创新玩出"新意思",同时也将实惠直接送到了消费者手中,得到了消费者的认同和青睐。抢购活动在微信平台推出后,小米手机的微信公众账号的粉丝数迅猛增长,截至开放抢购前已经突破450万,最终15万台小米手机3在9分55秒内被抢购一空。

"微信支付推出后,微信顺利实现了交易闭环。拥有超高抢购热度的小米手机3创下的神速度,意味着微信电商顺利通过了一次压力测试。"业内人士指出,微信电商具备很强的可复制性,让移动互联网时代架接电商的搜索购物体验充满想象,下一步只是何时、以何种方式对外开放。

"我们非常期待,利用我们提供的连接能力,帮助大家建立起各行各业和自身客户的深度连接。"在2013年底结束的"微信·公众"合作伙伴沟通会上,微信产品部副总经理张颖表明了微信希望在未来的商业活动中扮演的角色。事实上,这个角色的价值也正在随着小米、易迅网、大众点评、当当网、蘑菇街、友宝等品牌的加入日益显现。业内人士分析认为,此前,小米于论坛、微博等领域中的社会化网购布局成绩斐然,如今选择微信,是看到了微信巨大的客户连接能力。

业内流传,小米此前有"微博拉新、社区沉淀、微信客服"的方法论经验。前述分析人士说,小米公众账号的前期运营卓有成效,这次希望通过在微信中发售新品手机的方式,进一步获得更大的用户基础,和更多用户建立移动互联网线上服务关联。

"微信的价值不仅在于短期内订单销量的增长,而是这些购买的用户都因此与企业建立连接,这种连接对企业的价值更大,一旦建立就成了企业的无形资产,成为一种难以撼动的基础能力。"电商业人士指出,借助公众账号、朋友圈、微信支付等渠道,微信让合作伙伴可以更有效地和用户建立联系,进行客户管理和信息沟通,在此基础之上推出的商品买卖,相对简单,但更精准,也更适合移动电商的特性。而微信公众平台新近推出的客服接口、网页授权接口、获取用户基本信息、获取用户地理位置等多项免费接口,也使得企业可以便捷而精准地对用户进行沟通和管理。微信未来要做的,是一个面向移动互联网的基于关系和沟通的平台,这使得微信对电商具有更强的吸引力。"目前我们还在不断地尝试各种商品和模式,希望能够通过经验的累积给用户提供最好的体验和服务。"

微信相关负责人表示,此次与小米合作是微信平台和微信支付在移动电商领域的又一次成功试水,也创新了移动电商的销售记录。后续希望不断加强自身能力建设,通过和更多第三方的合作,探索更有价值的开放模式。

为什么微信适合做移动电商?从小米的例子,结合其他成功案例分析如下:

(1)巨大的市场。目前看来,微信用户数量在2014年有望突破10亿,而这每一个用户都可能成为电商的潜在消费者。

(2)海外市场的开辟。中国的电商暂时并未在国外捞回多少价值,国外对淘宝的了解显然不会比中国人对ebay的了解多。微信应该说是国内首个重磅世界级应用,上面10亿的预测用户数据中有3亿便是海外用户。

(3)良好的竞争环境。所有竞争者对于潜在消费人群都是平等的,没有各种排名,也没有所谓流量分配等特权,大家都从起跑线开始。同时,微信的封闭性使得竞争者不会对潜在消费者造成不必要的骚扰,破坏生存环境。

(4)便捷性。微信可以说是目前最简洁的一款App,基于社交的数个功能,同时对公众号进行了"订阅号"和"服务号"的归类,这便是用户通向商家的便捷渠道。同时,公众号的简单操作形式也让用户更容易接受,

更易上手。

(5)更亲近用户。目前,大多数用户一天中使用最多的手机App大概就是微信,因此,作为以微信公众号形式呈现的创业者平台有更多与用户亲近的机会,真正成为用户身边的电商。同时,微信本身基于强关系的属性也有助于商家与用户建立更牢固的消费关系,更易维护用户,并进行用户管理等。

**移动电商成功的6个要则**

意识到移动电商的巨大商机,不少企业也开始试水这一领域,期望能带来新的创收。但不同于互联网电商,移动电商的策略不一样,要想在移动电商市场取得成功,专家认为需要遵守以下几个原则:

(1)一直在线。

首先,我们必须意识到,移动设备用户对移动电商有着巨大的影响,这是一个不可否认的重要事实。电商网站多渠道营销引领单笔交易的日子已离我们而去。移动电商要想把握住这些移动用户,必须采用多变个性的方法,而不是等待着被动的反应和交易。

在推广渠道上,一般都会选择单一的方式,如发送邮件。移动应用需要保持时刻的在线,他们不依懒于用户的直接行动来提供优惠和价值服务,更多的是根据用户间接活动,如登入或访问一个网址。

(2)高度整合。

不得不说,将网页与移动客户端无缝对接起来是一个具有里程碑意义的事情。服务型的构架允许不同的应用程序相互交流。整合各种资源为客户提供价值,这是移动电商的关键。网上那种为客户提供优惠、进行促销的效果都不显著,但在移动网络上却具有非凡的意义。

(3)社会化。

社会化一直被认为是手机硬件的杀手级App。电商与移动客户端的结合,必须要具有营销和促销活动两种特性,同时还是可以让用户成立小组进行分享评论的社会化媒体。通过创造性的方式使消费者和他们的网络系统参与进来,包括那些基于位置、人口统计和行为的自组织网络,这一点至关重要。

(4)游戏化。

不要小看了那些简单的有游戏徽章和分数累积的游戏,它可以让电子商务产品的潜力得到有效发挥。游戏化与电商是高度相关的,因为它甚至可以被传统电商网站广泛使用。它与提高手机用户忠诚度有着密切关系,用户会因为那些极具吸引的目标,冲动掏钱购买。如果"玩"得好,游戏化可以在暴富者和业务之间创造出赢家,这是一个重要的区别。

(5)消费者语境意识。

比起电脑,手机最大的优势在于它具有提供语境的能力。不管是通过用户登录跟踪他们的位置,还是根据用户的喜好递送动态和自定义菜单,或是简单地将用户行为与相对流行的产品相混合,在用户使用移动电子商务应用程序时,对消费者语境的理解和采取的行动,是其成功的一个关键因素。

(6)实行多样化终端。

即各式各样的设备,要在不同平台运行。以最直观的方式呈现产品和电商交易,这是成功的移动电商应用程序的一个重要差异化特性。

移动界面的定义必须与本地使用和网页技术相关,根据用户设备大小,专注于优先产品;拥有正确的后端信息构架,使不同设备呈现最佳产品信息。这些因素不仅对移动设备具有独特意义,对移动电子商务应用也非常重要。

移动设备的变革是由终端的网页服务、云计算和服务型构架所支撑的。移动电子商务应用需将它们与移动设备固有功能相结合,从而提供完全不同的用户体验。

以上谈及的6个要素,是将移动客户端与电商有效结合的基础。如果

你想通过移动电商实现更多的收益,你就需要将这些谨记在心,并深入思考在移动客户端情况下的电子商务策略。

# 4.搭乘微信列车,房地产走进移动电商时代

微信5.0的推出,在庞大微友中掀起了一场打飞机大战,打飞机一时成为全国潮流。不仅是打飞机,前期版本的摇音乐、语音对讲、视频聊天及摇一摇传图等功能也在当时激起了很大浪潮。不可否认,作为时下最热门的手机应用,微信已俨然成了人们的一种生活方式。

凭借着其先天的推广优势,微信在各行各业也获得了不同程度的应用,尤其房地产行业。2012年8月31日,全国首个房地产官方微信——碧桂园十里银滩的上线,相继带动了数百个楼盘官方微信的开通;同年11月份,腾讯大粤房产也趁势组织了全国首个微信看房团,当时引起了超60万网友的关注;2013年5月底的珠三角房博会上,腾讯大粤房产推出的微信相馆和楼盘微信认证,更是把微信房地产营销推向又一轮高潮……

可以说,房产已经搭乘微信这辆快车进入了移动电商时代,它以微信售楼部的形式实现了置业者和开发商任何时间、任何地点的信息互通,并以微信支付的形式将3.0时代所倡导的优质用户体验发挥到了极致。

**某楼盘微信营销成功案例**

开发商的官方微信公众账号可以运用微信的各种功能实现项目信息展示、销售、推广以及活动召集等各种营销。

(1)全方位展示楼盘信息:通过关注后自动回复和自定义菜单功能

实现。

关注后自动回复,用户通过回复"HX"、"JG"等关键词可获得项目对应信息。

自定义菜单,可根据项目实际情况实现个性化的菜单定制,在微信底部的对话栏中提供菜单选项。

如:

楼盘详情(楼盘简介、360全景户型、楼盘画册、楼盘印象、看房报名);

楼盘实景(可结合摄影比赛);

会员卡(专属会员优惠信息)。

(2)信息推广:日常信息推送+自定义菜单输出。

日常推送,将项目的开盘、开放样板间和优惠活动等信息编辑成图文信息推送给用户。

自定义菜单输出,将项目最新信息和活动放在导航菜单里供用户主动去获取。

(3)销售服务:关键词回复+人工回复+一号多用。

帮助用户了解楼盘信息,地图导航引导用户去到项目现场,线上微信支付来完成成交。

关键词回复,通过已经设置好的关键词信息回复给用户。

人工回复,弥补关键词回复的不足,提升用户体验。

一号多用,实现多个人管理,其中销售、运营、总监等人都可以有不同的权限,实现分组精准营销。

通过地图导航引导客户去到项目现场促成成交。

(4)微信支付。

连接支付认筹功能,直接通过手机在微信公众账号内完成支付。

(5)互动活动。

如风铃、刮刮卡和转盘,还有上传实景、网友评论等,以小活动、小礼

品维系与用户的关系。

(6)用户运营。

通过二维码的宣传和事件营销广泛吸纳用户，通过会员卡和分组维护沉淀用户。

通过二维码推广吸引客户关注账号，二维码可以展示在网页、楼书、礼品、展架等各种推广方式上。

(7)事件营销。

策划一些让人耳目一新的营销活动做宣传噱头。

(8)会员卡。

用户可直接搜索中文(微信昵称)添加，吸纳用户数量提升。会员卡特权可将项目优惠信息等在此菜单栏展示。

(9)分组维护。

在后台对用户根据其不同属性进行分组，可以以区域、性别、年龄等来分，方便精准内容推送与维护。

**地产商表示将全力备战微信**

在活跃用户已达到3亿的情况下，微信顺势推出了两款移动端产品——楼盘微管家WeHouse和"看房"，以期在房地产电商领域占据更多的市场份额。

通过"看房"App，消费者可以随时随地查询需要的楼盘信息，包括楼盘细节、开盘信息，打折优惠，团购报名等功能也一应俱全。WeHouse是全国首家针对于房产项目公共账号运营的整合营销管理平台，房产企业可以借助这个平台实现包括官方微信的申请、账号维护、菜单维护、接口配置、数据更新、活动组织、团购组织等一系列全方位整合服务。

同时，两款产品还与腾讯地图合作，为准购房人提供街景看房、360度的全景展示的看房体验，从样板间、户型图展示到小区街景以及楼盘周边配套等一系列的展示的功能是同类产品没有的。

"WeHouse可以让开发商精准地触达他们的客户,客户也会精准地找到目前这个楼盘的打折信息、实景图是什么样的,它的在售情况是什么样的。所以,一系列的服务的解决方案都可以在WeHouse实现。"腾讯房产中心总监陈林这样表示。

开发商们显然也意识到了其中蕴藏的价值,北京万科副总经理肖劲就表示,非常支持腾讯的这两款产品,万科打算都用上。"北京万科已经和我们签约开始使用WeHouse产品了。"腾讯网房产中心主编、高级产品经理陈茂林表示。

包括阳光100、金融街、绿地、龙湖、天恒等地产商也纷纷表示将全力备战微信,对接腾讯微信产品。

腾讯方面则表示,希望在2014年年底接入WeHouse的开发商和楼盘能够达到15000的量级。"其实,这是一个比较保守的数字。"陈茂林称。

有业内人士也指出,从"看房"到WeHouse,腾讯为消费者提供了从"粗选房"到"细看房"的一站式买房解决方案,更为房产企业提供了吻合移动互联背景的全新客户关系管理、整合营销平台。因此,这一组产品能引发房地产商的热捧也是意料之中的。

中国房地产学会副会长陈国强则表示,"房地产营销利用微信可以形成低成本、差异化的营销革命。首先,可以低成本接近高价值客户。实体经营往往留不下数据,难以低成本分析出高价值用户。通过微信,让网上消费者留下数据,直接抓取,根本不用售楼处,省下了广告费,而且可以区分出高价值用户,直接精准捕获。其次,低成本实现细分市场和产品多样化。在线下,细分市场产品和多样化可能升值,但是成本很高,用微信方式可以低成本向客户推广楼盘。第三,为服务差异化和增值服务提供数据核心业务支持。把重资产数据化后共享,通过API接口接到企业外无数的轻资产主体上,就可以实现苹果公司那种惊人的战略扩张。比较房地产商以往的营销方式,这是将一种战略性飞跃。"

# 5.从微信支付看移动电商对家居建材行业的影响

　　微信支付是基于微信衍生出来的支付形式，在庞大的微信用户基数上，微信支付注册用户在短短的100天内达到了2000万，日均20万的增量。微信入口资源丰富，支付形式多样，成为微信支付的优势。微信支付的方式包括公众号支付、PC扫码支付、App支付、线下二维码支付等，而运用场景也从移动端延伸至PC端和线下实体。

　　说到微信支付，就不得不说日渐兴起的移动电子商务。移动电子商务并非直接代表电子商务，电子商务分为以PC为基本终端的传统电子商务和以手机为基本终端的移动电子商务。相较于以PC为基本终端的传统电子商务的不可移动性来说，以手机为基本终端的移动电子商务的优点就是顾客将所有的商家和商品"装进"钱包(手机)里，让所有的商家进驻到钱包里，触点变得无限多，顾客可以随时随地随意浏览、选购商品，而且通过大数据、云计算、精准识别和推荐引擎等技术，商家可以越来越迅速地把所有的顾客"装进"自己的服务器里，并以最便捷的支付手段(比如微信支付)进行交易。

　　那么，移动电子商务会给家居建材行业带来怎样的影响？

　　作为国内的品牌家居卖场，红星美凯龙旗下电子商务平台"红星商城"于2012年8月试运营，后来更是传出红星美凯龙或将入驻苏宁云台的消息，这些行动显示了传统家居零售巨头拥抱电商的势头。11月26日，上海坚弗特种涂料有限公司推出了二维码品牌合作，与诺菲博尔板业(中国)控股有限公司、吉林新元木业有限公司、浙江裕华木业有限公司、北京易家广瑞地板、湖州天格地板有限公司和梵戴克(香港)木业有限公司签署了大客户战略合作协议,旨在通过结合品牌合作、定制营销和网上学习的方式,增加客户的销售量。这是地板企业在电子商务上的标杆性尝试。

相对于零售日用品,家居建材产品更具体验性和售后服务性,这两点决定了家居建材企业在移动互联网上的营销不仅仅是产品的营销,还涉及到家居理念、产品展示、产品视觉体验、产品文化、售后服务介绍等一系列的宣传。移动电子商务所能给的最大好处就是无缝式的宣传,它更方便、更快捷,随时随地将信息输送到消费者的手机里,更具用户黏性,而厂家老板们最需要考虑的是研发怎样的方式可以让信息被接收。在同类产品中,越方便购买的往往销售量越大,日后的产品是越不耗费脑力的产品拥有越多的消费群体。当然,企业同样应该思考的是支付方式和售后方式的便捷性问题。

电子商务时代,正在成为"泛零售时代"。当线上与线下越来越"海天一色",我们可以随时将现实数字化、将数字现实化时,电子商务就变成了无所不在的商务,也就是一种"环绕立体式商务"。或许日后地板并不只是在家居卖场的品牌专卖店里,任何有建筑需要地板的地方,它都是随时可以被买走的商品。

# 6.微信会怎么来改变移动电商格局?

毫无疑问,微信已成移动互联网的最大入口,未来架接电商的搜索购物体验充满想象。

**第一,微信是电商精准营销的核心。**

何谓精准营销,就是精确、细分、可衡量,将需要传达的信息直接推送给潜在用户。而微信的公众平台,因为是通过用户自主关注电商的品牌微信公众号,用户对品牌有一定认知度,针对这些用户定向推送内容,必将会有高转化率,所以笔者认为微信是企业精准营销的核心。微信以语言、图片、文字进行社交活动,未来可能实现社交流、信息流、资金流和物流四流合一。

国内某知名的网络茶叶品牌,业内全网销售排名第一,一年茶叶总销售额过亿。他们在行业内率先启动微信品牌公众号,起初,他们只是把自身的微信公众号作为对外宣传的媒体,后期经过多次的交流,开始重视微信公众号的推广,他把微信公众号的二维码和微信号包括QQ放到官网、淘宝店、官方微博、产品手册、海报、宣传单页、产品外包装上,还在旗舰店打出微信卖茶的广告。内容上专注与茶有关的各种知识,两三天推送一次。

虽然目前订阅用户不算太多,但是所有的订阅者都是爱茶之人,在每半月发起一次趣味竞猜、有奖问答送茶叶试用装的活动后配合官方微博的联合推广,参与人数众多,后期销售的转化率也很可观。特别是在其杭州本市的体验店,还配合微信公众号提供同城微信配送活动,周边小区客户的网络订单络绎不绝。不光通过微信公众号取得品牌上面的推广衍生,还可以靠其传播口碑,获得品牌和收益的双丰收。其他比如微信卖水果、卖化妆品的案例也层出不穷。

电商做微信公众平台运营的思路未来一定要转变:例如商家可以借鉴微信路况、订酒店等工具类微信公众号的运营维护思路,减少对用户的骚扰,多鼓励用户主动提交需求;同时,微信平台的强关系属性意味着它更适合于做二次营销,"未来的微信电商尝试应该就是淘宝旺旺与微博的结合体,实现精准的CRM管理与媒体传播"。所以,对于电商来说,微信无疑是最精准的品牌营销工具,并且可以通过后台的互动,解答客户的问题,从而获得更高的转化率,促成交易。

**第二,微信成为电商的CRM利器。**

如果把微信比作一个管道,那上面可以架接的服务将会充满想象。对于电商来说,CRM最重要的就是对于用户的管理和细分。微信是具备强沟通属性的移动互联网产品,所以其具备了IM+CRM的职能,你可以通过它和用户直接对话,也可以做好用户管理。其实,微信正在小范围地和一批合作伙伴测试公众平台的自定义接口功能,这个接口可以接入任何公司的CRM系统,公众账号背后的商家将能够通过这个接口为用户提供更个性化的服务。相信后期可以通过接口细分用户资料,细分的资料包括年龄、性别、地域、喜好在内。其实,现在通过微信的公众平台的用户管理,用户已经可以非常自由地完成分组,并且可以选择按照地域、按照分组来做精准推送。未来相信CRM接口的逐步开放,将可以直接对接很多大型CRM系统的后端。特别是通过微信的自定义回复功能,对于行业细分,每个行业都会有自己的微信客服系统。

**第三,微信打造O2O新模式。**

财付通总经理赖智明曾经表示,将携手微信、微生活打造"O2O微支

付"，把财付通新型的移动支付模式慢慢融入到用户日常生活的支付场景之中，如吃喝玩乐、休闲旅游等，从而真正实现线上线下融合，发掘更多商机。也就是说，以后外出即使身上没带钱，也可以用微信二维码扫描商品，通过财付通进行支付；AA制吃饭也可以直接用微信"摇一摇"在财付通上转账。

关于O2O全力进行的微信会员卡模式，也开始小有斩获。以太平洋咖啡为例，自2011年4月进入大陆市场以来，它主要忙于跑马圈地，开设了137家实体店，无暇顾及会员卡体系的建设，而微信会员卡的出现带来了新机遇。2012年10月中旬，太平洋咖啡开始与微生活团队洽谈合作，到11月底就已拥有8万微信粉丝。据太平洋咖啡CEO汤国江介绍，目前其微信公众号每两周左右才推送一次信息，主要是推广自家的PCC胶囊咖啡机，参与的用户可以获得一杯免费赠饮。现在，每天午休时间都有不少会员前来体验，胶囊咖啡机的销量也较为可观。

**第四，微信打造移动物联网的解决方案。**

"最终，物联网会到来。微信不光连接人，还可以连接能上网的机器。每个机器都有个二维码作为设备ID，在微信里可以通过和设备对话来控制设备。"

互联网链接了几十亿人，但物联网会把更大一个数量级的物体链接起来。无论人还是物，都有一个二维码作为ID。人与物可以对话，人可以直接向物发出指令，微信会把人和物都连接起来。一部手机在手，连接全世界，操纵全世界。借助这个二维码，微信将成为我们操控世界的遥控器！

有一台机器，它的名字叫"LOMO自助印"。这是一个硬件终端，一个半米见方的无线打印装置，正面是一块8.9寸屏幕。过程是：在自助印终端前，拿出智能手机，扫描并关注它的微信公众账号，发送手机照片给它；

然后,输入屏幕上显示的微信验证码,它能在30秒内接收照片,并制作出一张宝丽莱风格的LOMO卡,并从终端的窗口"掉落"下来。如此,你手中的智能手机就变成了一部可即拍即得的宝丽莱相机,而这个无线装置就像一个"暗房",帮你把"底片"在片刻之间冲印成相。

本款产品结合了微信公众账号,用户不需要下载App。微信有各种手机平台的客户端,适应了各种场合,它向微信"附近的人"提供了基于地理位置服务(LBS)的导引服务,距离印美图终端200米的消费者,可以轻松找到附近的LOMO自助印。也许在不久的将来,自助印终端会散落在步行街、地铁站、电影院、购物广场等公众场合。后期的收费模式应该是各地加盟,通过收取每张打印的费用来分成盈利。

再来看一个场景,当你现在来到一家时尚KTV唱歌,进入包厢坐下后,打开KTV微信点唱机后可以先扫描机器上的微信公众号的二维码,关注这个KTV的微信公众号,微信公众号会返回整个KTV的相关介绍和特色,并引导你开始通过微信作为遥控器来点歌,只要你输入这个歌曲的名字,微信对话框就会返回这个歌曲的相关信息,通过你的输入确认把歌曲加入点唱清单,还可以邀请你的好朋友都来和这台机器对话,他们可以选择给你鼓掌或者喝倒彩,提升气氛。同时,通过该微信公众号,你还可以选择点小吃酒水服务,通过触发"点单"关键词,进入KTV的小吃酒水目录,选择你要点的小吃酒水,直接下单,即可让服务生稍后送来。另外,通过该KTV的微信公众号,你还可以在下次来之前先通过微信对话商家预约包厢位置等。所有需求,微信都可以为您解决。

当你唱歌唱累了,移步到一个咖啡馆休息,门口就有个巨大的二维码,坐下来又在桌面上的点单机上面看见了二维码,你可以在进门或者坐下后掏出手机微信扫描关注此咖啡馆公众号,开始点单。只要你关注了这个微信公众号,你的微信对话框就能收到自动推送的欢迎引导提示界面,这个时候,你可以通过引导进入菜单,同时按照点单机上面的验证

码的确认来选择您需要的咖啡或者简餐,也可以通过微信公众号提前完成预定,不得不感叹科技改变人类生活。

综上所述,移动电商时代已经到来,而移动互联网最大的入口无疑充满了诱惑。作为移动电商的运营者,应该拥抱新模式,看清未来的格局方向,用好微信这一电商精准营销的核心产品,才能在移动互联网的电子商务立于不败之地。

## TIPS:互联网大佬们说微信

### 搜狐张朝阳

在张朝阳看来,互联网将会更加深入地介入人们的生活,尤其是移动互联。

"我以前写过一个博客,比如说因为淘宝的成功导致很多小店电商的崛起,以及给了很多年轻人创业的机会。不只是渠道商能够销售,自己做的东西也可以卖,所以现在年轻人创业开淘宝店,这就是移动互联网对于传统行业的颠覆。视频的发展使得中国人的娱乐基本上改变了,微信使大家的沟通效果极大地提高,所以移动互联网首先是从消费者角度把人们一天的时间全占了——你的沟通,你的娱乐,你资讯的获取,你买东西。"

张朝阳认为,移动互联网的爆发,将会让中国人的生活变得更加充满能量,更加有内容。

### 爱奇艺龚宇

对于爱奇艺CEO龚宇来说,未来视频网站将向多终端、多平台方向发展,其中移动端是重要的一环。

"现在进展非常顺利,目前广告收入接近10%,是来自于移动用户端的,平板电脑单价大概是PC屏幕价格的两倍,手机上视频的广告比PC上稍高。从传统角度来看,我们认为用什么终端看视频不重要,最重要的是什么人看视频,所以从技术角度来讲,现在在大数据方面的投入非常大。用大数据的方式来做精准广告投放系统,再做用户行为分析,再做用户的内容推荐等,用这种方式来让用户体验,让用户看到的广告更符合他的需求,让广告主的广告投放效果更好。"

龚宇认为,对于视频网站来说,未来平台会打通,广告投放时品牌会打通,同时根据投放的效果计费,这个过程需要2年甚至5年的时间来形成。所以,移动终端广告的分化方式是一定要走的路。

### ADTime总裁付海鹏

在大数据营销公司ADTime总裁付海鹏看来,虽然移动端屏幕较小,得到品牌广告主的认可需要一个过程,但是已经有一些汽车类的厂商在移动端投放上亿元的广告费用。付海鹏认为,今后,移动端的品牌广告将会有一个井喷。

"因为品牌广告移动端屏比较小,所以认可需要一个过程。如果用PC互联网广告传统模式去售卖,移动没有什么优势。但是移动这个屏非常特殊,需要互动。我们现在就在跟着卫视做一些节目的互动,比如将主持人讲的一些产品通过手机推送出来,并通过音频的方式用手机放上网,这样产生的效果非常好,它的价值因为面对的是小屏而得以最大化。"

付海鹏认为,移动的春天很快会到来。因为现在支撑整个互联网的业务在于互联网自身的企业,互联网公司电子商务也好,游戏公司也好,真正的传统企业在往里进,未来网络广告可能是万亿式的。

### 易查搜索于东

虽然业内人士都对移动互联网充满希望,但在易查搜索创始人于东看来,目前手机端的商业模式尚未成熟。

"手机搜索不像PC端的搜索格局已定，基本上在PC端的份额，360包括搜狗赶超，但是手机端包括产品形态、商业模式，都会发生很大的变化。

辩证来讲，小公司和巨头互有优势。大公司PC端有很多包袱，进入到手机端面临着PC端流量的降低，而手机端商业模式还没有完全的成熟，所以运营成本的压力，包括用户转移到手机，使巨头压力很大。

而中小企业或者创业公司，他们在这个行业里船小好调头，尤其在这个混沌的行业状态下抓准一个方向，深挖一条井，可能挖到100米，小企业会很开心；而巨头即便挖到500米，但在还没成熟的时候很难轻易去布局，所以我想互相都有机会。"

对于移动互联网未来的发展趋势，不少业内人士都给予了肯定的答案。不管是对于传统门户网站、运营商、金融企业，还是正在崛起的视频网站，在大佬们眼里，移动端都将是颠覆传统行业的新方向。

# 7.机遇面前,品牌主具体该做些什么?

如果品牌主都能有计划、有序地进驻微信平台，相信会形成一个品牌主和微信公众平台双赢甚至包括微信用户在内皆大欢喜的局面。正如一些品牌主纷纷进驻当初并不被看好的淘宝天猫平台一样，大都因为进驻时间早，加上良性运作而成了最终赢家。移动电商也是将来的一种趋势，而微信则是目前唯一初具雏形的平台，我们完全可以期待未来天猫的双十一盛况能在微信这一移动平台上演。

(1)明确需求：看清形势，明确好自身需求是否真的有必要做，例如偏工业等不太需要依靠电商的传统行业,就不要太盲目地跟风。

(2)把握节奏:从品牌诉求出发,应该把移动电商平台也当成一种品牌战略来制定策略,根据节奏进行,明确何时进驻、何时加大力度推广等。

(3)注册并认证公众号:公众号的认证是品牌官方和权威的标志。

(4)搭建一个微信商城:未来微信形成移动电商规模之后,预计多数公众号基本定位将化身简单纯粹的移动商城,一个个性的微信商城将成为公众号最主题的部分,完善商城内容,为实现移动购买力做准备。

(5)相应的宣传推广:光有商城别人都不知道是没法形成购买力的,因此,一定的线上线下的宣传推广也是必要措施之一。

(6)大数据整合:在人人都喊大数据的时代,微信也不能变成一个孤立的平台,与品牌的其他渠道数据库进行数据的整合和互通是大势所趋。从微信平台收集和统计的数据可用于品牌的用户分析、市场等一系列分析,以用于指定后期的品牌战略参考调整。同时,微信平台自身的用户管理和维护也是大数据的独立部分,也需要做到完善。

**实现微信营销,品牌主在微信上要怎么做?**

上述是在该机遇面前品牌主们所需做的一些事情,而很大一部分属于品牌的策略上需要做出的调整,而细分的微信的具体事宜上,无非如下两件事:

第一,微信商城完成O2O。

选择利用微信第三方平台来实现显然对大多数品牌主来说是个更加明智的选择,免去了自身专业团队组建及开发的困难。而目前的第三方平台已经比较成熟和全面,且在行业内积累了更多的经验,例如微库等平台,具备对行业动态做出更迅速反应的能力,也是第一个上线可实现在线支付的微信商城功能的整合平台。

第三方平台微信商城的上线为各行各业的品牌主们提供了直接可行

的便捷工具,同时,一些特定设置可以全方位满足各种不同行业的个性需求,搭建一个完整的微信商城也只需要完成一些简便的操作即可。

第二,取个响亮的名字,选择一套商城模板,风格可古朴,可文艺,还可小清新。

添加新的商城商品,做好分类,便于管理,同时来一个华丽的产品介绍也是必须的,设置好商品价格及库存,配合优惠活动进行相应的折扣设置。

设置产品、细分标签供用户选择,以及付款方式设置,可满足多行业需求。例如,服装等耐用品行业同款商品有多种不同细分标识,如颜色、尺码、面料等。同时,是否进行货到付款的支持也可以使商城很好地转变为餐饮行业的外卖系统。

延伸阅读:

## 支付宝微信暗战,移动互联网争夺进入快车道

自微信5.0版本上线以来,新版微信就成了近期互联网行业争议不断的焦点。由于其中涉及到移动支付功能,微信与支付宝之间便由此变成了PK对象。

而支付宝更公布最新的支付漏洞数据,直指陌陌、微信等手机平台热门应用,宣称此类应用是黑客攻击的主要对象。同时,支付宝还对外发布公告称,将全面屏蔽外链二维码图片,从而封死了淘宝客们与微信之间的又一个通道。

虽然从目前来看,微信和支付宝之间的较量正在发酵,但是在业内人士看来,这也意味着移动互联网正在逐渐成为互联网新时代发展的大趋势。

**事件——支付宝警惕风险与微信暗战开始**

2013年8月9日,支付宝公布了最新的支付漏洞,数据直指手机平台,

宣称陌陌、微信等热门应用成为黑客攻击的主要对象。根据支付宝公布最新数据称，当年的新增木马病毒几乎都指向了手机平台，黑客们尤其青睐陌陌、微信等热门应用的支付漏洞。支付宝统计，微信平台在2013年已发生30多起相关资金被盗案件。

数据一出，便有好事者认为，支付宝高调发布支付风险提示，是为了巩固自己在支付市场的阵地，同时阻击微信新上线的在线支付功能。艾瑞咨询数据显示，截至2013年第二季度末，支付宝在移动互联网支付细分市场占有率达60.7%，排名第一，腾讯旗下财付通排名第二，市场份额为5.8%。

虽然从表面数据看，财付通根本无法威胁支付宝的地位，但是由于新版微信支付功能不会考虑接入除了腾讯自家财付通以外的任何第三方支付平台，加上微信5.0上线后游戏带来的庞大的用户群和良好的口碑效应，业内人士预计，微信5.0的噱头绝不会只在"打飞机"上，其新增的支付及扫描功能，或给微信的用户带来新的价值。这一切，都将给支付宝带来巨大的威胁。

### 数据——移动支付金额二季同比增3倍多

媒体记者注意到，不论从支付宝和微信之争还是权威数据来看，移动支付的火热程度可见一斑。根据央行8月13日公布的《2013年第二季度支付体系运行总体情况》显示，电子支付业务量快速增长，其中移动支付业务继续保持高速增长。

央行公布的数据显示，第二季度，移动支付3.71亿笔，金额2.07万亿元，同比分别增长274.70%和363.92%。

对此，有业内人士表示，凡是能带来方便的东西都会得到发展，移动支付的使用会越来越多。

### 业内分析——支付之争是移动互联网发展的必然结果

由于阿里巴巴和腾讯在企业实力和用户数量上不分伯仲，因此在短

期内两家巨头之间的战争将会越来越白热化。

其实在业内人士眼中，支付宝和微信之间的巨头之争，是互联网发展到今天的必然结果。伴随着近一年以来移动互联网的迅速崛起，争抢移动端的蛋糕绝对是传统互联网企业面临的新挑战。

一位业内人士告诉记者，实际上在以传统PC端为主的互联网行业中，百度的优势在搜索入口，腾讯扎根社交入口，阿里埋首于电商入口，三巨头之间一直处于互不干涉、相安无事的局面。

不过，随着移动互联网的快速发展，三巨头之间开始互相厮杀。先是百度和阿里巴巴之间争抢O2O入口，随后又传出支付宝和微信之间的在线支付之争。

种种迹象表明，随着移动端的强势发展，PC互联网大佬们深知，移动端将会是在新互联网时代站稳脚跟的唯一途径。也因为这样，阿里首次强硬地对待微信也就可以理解了。

# 第七章

# 老板去哪儿

## ——让小微信成为你升职加薪的攻略

微信已深入职场人的生活当中，无论是工作、交友、通讯，甚至是求职、招聘，都开始和微信挂上了钩——但，当你的老板要求加微信，你加还是不加？

# 1.网络空间的人际对话——透过微信看人缘

曾几何时,微信"忽如一夜春风来",几乎所有的网民都有了自己的微信,有的人还不止一个。拇指轻轻一按,就能轻松地把我们带到同学好友的世界里,如果你愿意关注,无论是寻常生活还是私密世界,都可以随时了解。由此可见,微信确实是一个深入了解朋友的好途径。

那么,到底微信的魅力在哪里?为什么要创建自己的微信呢?微信的魅力,最重要的一点就在于它"分享越多,收获越多"的特点。对于本人,对于阅读微信的人,对于社会,对于工作,对于生活,"分享越多,收获越多"的微信精髓注定了它的发展是势不可挡的。

其实,微信就是一种简易的个人信息发布方式,任何人都可以注册。微信充分利用网络互动、更新即时的特点,让你最快获取最有价值的信息与资源。你可以发挥无限的表达力,及时记录和发布个人的生活故事、闪现的灵感等,也可以秀出你靓丽的生活、个性的创意,结识和汇聚朋友,进行深度交流沟通。

为什么中国需要发展微信?首要的原因就是:因为微信可以使一个人的生活更美好!而所谓的新媒体革命,所谓的人际交往和知识传播的革命,都是第二层次的,通过分享,让我们进一步加深对朋友的了解。现代快节奏的生活,让我们越来越忙碌,因此很多人都忽略了亲朋好友之间的联系。而无疑,微信就是这样一条纽带,它可以让我们浏览朋友圈,让我们知道心底里的他(她)最近的状况,更让我们省去了冗繁的客套,拉近了彼此的距离。

甘露是一位天生重度残疾的姑娘。在已走过的30多年的生命旅程中，她一直与重残苦苦相搏，不仅创造了生命奇迹，而且以重残之躯通过爱心热线挽救了一个个意志消沉的人。由于行动不便，她不能长期趴在网上，上网的时间非常有限，可是面对一些失落的人们，她又非常不放心。正在为难的时候，朋友介绍了微信。在微信中，她贴出了自己的照片，照片上是一张张微笑的脸，她在照片描述中这样写道："我更愿意相信我就是上帝的宠儿，虽然身有残疾，但是上帝却赐予了我最美的微笑。"很快，很多人都纷纷加她为好友。

有一天，甘露在微信里收到了一个叫"美丽彩虹"的好友验证。他们很快就熟悉了起来，并成为了好友。

甘露的生活一直很艰难，她主要的生活来源是每月280元的低保金。为了维持生活，甘露拖着重残之躯躺在床上辅导几个小学生学习，每月只有两三百元的收入。房租和取暖费每年要支出7000元，生活的艰难可想而知。

看着甘露的艰难生活和日渐恶劣的身体状况，"美丽彩虹"决定利用微信帮助甘露走出生活困境，同时激励她与命运抗争。"美丽彩虹"组建了一个微信群，专门帮助甘露。甘露说，她从那个微信群里获取了力量与勇气。刚开始，她只是通过微信群鼓励一些意志消沉的人们，后来，她决定让更多的人看到希望。在"美丽彩虹"的帮助下，她自己建立了一个"爱心彩虹"微信群，通过微信给人们带去希望，同时，也为自己的人生找到了一条方向明确、意义非凡的坦途。

微信中的分享可以是文字，可以是音乐和声音，可以是图片和视频，也可以是阅读和推荐。"微信网，让你随心所欲"，这个随心所欲主要就是在超越时空的虚拟世界中，可以随心所欲分享你愿意分享的一切。

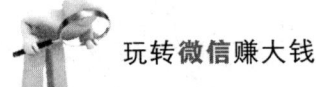

微信的繁荣,不仅仅是语音的繁荣,也是分享的繁荣,改变的不仅仅是少数爱好者,而是所有的人,是整个社会。社会、文化、经济等,都将因为微信的新分享文化而实现变革。变革的最终方向,就是美化我们的生活。"分享越多,收获越多",就是微信无以伦比的魅力精髓。

当然,仅仅用微信拓展人脉是不行的;但如果从"让别人在某个时候想起自己"或"让别人深刻了解自己"的侧面来考虑,微信确实可以说是强化人脉的合适工具。

你可以通过建立自己的微信圈子,汇集大量志同道合的朋友,可以更容易在这个虚拟大群体中找到对自己有利的人、信息和机会。通过微信这种物以类聚的生态方式,与现实进行互动,你会发现微信很像现实生活中的人际圈。因此,你完全可以通过微信拓展你的人脉,让一个个志同道合的网上朋友们从虚幻走进现实。

**微信八大趣味用法**

在达人眼中,微信的玩法远不止于此,还有以下八大趣味用法。

(1)聚会群加:参加聚会,新结交了很多朋友,交换名片实在麻烦又很容易遗漏。这时候,只需要大家一起摇动手机,现场凡是微信在线的人就会即刻出现在每个人的好友列表里。

(2)找人拼伞:下班时下起瓢泼大雨,自己又借不到伞。这时候打开微信,通过"查看附近的人",撒大网群发信息,寻找可以拼伞的对象。

(3)语音祝福:逢年过节总不能忘记给长辈送祝福,群发短信稍显没有诚意,发送又太麻烦,这时候可以使用微信的语音功能,说出来的祝福显然更加真挚。

(4)旅途解闷:一位出差的员工身处一辆长途列车上,百无聊赖想找人聊天,这时候可以打开微信,使用"查看附近的人"这一功能,找出同一列车也开着微信的人,用微信打个招呼,聊得来的话还可以见面聊天,说不定你会由此多一个朋友。

(5)亲人面聊:很想和好久不见的父母视频聊天,可是年迈的双亲使用电脑有困难,这时,微信里视频传输的功能可以轻松将父母的画面传给自己,而且操作很简单。

(6)领导查勤:刚见面的同事又找不到了,打开"查看附近的人"就可以确定他是否还在公司,老板用它查勤最方便了。

(7)新生群聊:大学新生报到之后,可以建立微信群聊号,寻找同乡校友。微信可以帮助新生们尽早了解大学有关情况,同时有助于提前做好心理准备,融入全新的校园生活。

(8)手机防盗:警察找回被盗手机后,可以通过微信上存储的账号,加入机主微信,与机主取得联系。

**透过微信看人际**

(1)他开了微信,也知道你有微信,但没有主动加你,说明你们关系很一般,甚至对你有防备之心,至少没有沟通的欲望。

(2)你主动加他,也报了姓名,但没有回应,说明他根本不在乎你,或忘了你是谁。这时,你就可以将其从手机完全删除了。

(3)两人互加了,但从没交流过一句话,说明你们还算不上朋友,充其量只是一个熟人,你对他来说,可有可无。

(4)对方很在意你的分享,经常关注你的动向,但从不说话,说明你们正处于情感发展期。这时,如果你主动沟通,并得到了积极的回应,则说明其对你是真心的;否则,说明你目前处于弱势。

(5)你经常关注对方,经常赞美或评论他的分享,每次或多数都有及时回应,说明其很在乎你,珍惜相互之间的感情,不是一般的朋友。

(6)如果他对你的赞美与评论从未有过回应,说明对方没把你放在眼里,或不方便回应,比如有人监控他的言行。

(7)如果对方从未对你有过痕迹式的赞美与评论,说明他对你重视不够,或不愿与你拉上瓜葛,以免不必要的麻烦。

(8)在你发了一条个人心情不安的信息时,能在第一时间给予回应并安慰你的人是最在乎你的人,对方很有可能成为你的密友或贵人。

(9)你看不到对方的朋友圈分享或相册,说明他对你有一定的防备之心,至少不愿你看到他的内心,你们之间已经有了距离。

(10)如果你给他发信息,弹出一个框让你验证身份,说明你已经被他从微信通信录里删除,在对方眼里,你已经是一名陌生人。如果你发给对方的信息被拒收,说明你已经被对方打入黑名单,成为对方不欢迎的人。

(11)看到喜欢的文章或图片,或对你的观点表示赞同,转走你的文章时,总是不忘留下一颗赞美的心,说明这个人的修养很好,是真君子。

# 2.用微信打造自身名片,树立良好职业口碑

诚然,在新媒体营销浪潮下,微信用户数迅猛增长。同时,微信也深入到了职场人的生活当中,无论是工作、交友、通讯,甚至是求职、招聘,都开始和微信挂上了钩。

**社交媒体职场盛行**

众所周知,微信主要依托于智能手机等移动平台,手机QQ用户是其主力军,且微信已覆盖了手机通讯录,成功将现实中的关系带入到微信中,从而实现了现实与虚拟世界的无缝连接。

据诺亚人力资源外包网一项职场调查数据显示,微信用户呈现出年轻化、高学历的特征,在学生及白领等群体中颇受欢迎,并且借助于微信"摇一摇"、"语音通讯"等功能使得信息传受双方的关系更为紧密。

除了即时通讯、聊天娱乐之外，微信的应用已经逐渐渗透到职场中去。诺亚高级人力资源专家张东宣表示，目前微信等社交工具已经逐渐应用于求职招聘、市场营销、客户关系维护等企业运营职能。

**企业招聘开始尝试用微信**

　　据相关媒体报道，西南交通大学传播学大四女生田某创建了一个名为"田某的云简历"的微信公共账号，以多种形式来展现自己。在短短的3天时间内，就有5家公司向她抛出了橄榄枝。

　　搜才网职业指导师孙佳兴指出，从当前河北的情况来看，虽然微博和微信都有大量的用户群，但是对于"求职招聘"这个相对严肃、严谨的话题来讲，"尝试得还不太多，尤其是对于求职者来说"。孙佳兴说，作为企业来讲，利用官方微信、微博发布一些招聘信息，如果其官博的影响力大，能收到比较理想的效果。

　　此外，顺应时代的发展，目前众多人才机构也提供了可下载使用的手机客户端，方便求职者随时求职。只要成功下载安装，求职者便可在手机等移动设备上浏览招聘信息，并且创建自己的简历实现求职。

**新媒体催生新的人才需求**

　　随着新媒体行业的兴起及网络的发展，企业的用人需求也呈现出了多样化的趋势。登录各人才招聘网站不难发现，微博管理专员、微信管理专员、手机客户端App推广专员、UI设计师（指从事对软件的人机交互、操作逻辑、界面美观的整体设计工作的人）、交互设计师等招聘信息层出不穷。

　　从目前来看，企业对于微博、微信相关人员的招聘一般都是与内容编辑相关的工作，除了需要理解企业文化和产品特征，还要具备营销意识、活动策划能力、文案写作能力，可以说是一个"复合型"的人才需求。一般而言，这个职位会设立在企业的相关营销部门。

　　另在二线城市，新媒体基层工作人员的薪酬在3000元～4000元之间；

而在一线城市,UI设计师的基本月薪以8000元为基点, 较其他行业薪酬明显偏高。

**提醒——可以利用微信打造个人名片**

微信等社交工具的兴起使得距离不是问题, 人际交往及沟通越来越便利。在这里提醒广大职场人,在利用这些社交工具时要注意保护私人信息,避免发生不必要的危险,诸如在微信个人设置中"朋友圈权限"、"加好友权限"上要注意功能设定。

同时,英才网联职业指导老师郭锐指出,职场人也应该善于利用微信等平台打造自身名片,树立良好的职业口碑。在工作时间,尽量避免沉溺于各种刷屏状态,耽误正常的工作;微信上也不能什么都说,比如企业或者个人的负面内容等千万不能说, 而应利用这种工具传播自身正能量,可以通过这个方式传播自己的观点、行业的动态、自己的专业理念,积极展现自己的综合素质以获得企业的认可。

**移动终端求职避免上当受骗**

随着网络求职被普及之后,招聘也趋于多元化发展的趋势,如微博招聘、营销,微信的商务化,猎头借助于社会化工具积累人才库等,这些商务化的社交工具已逐步进入职场舞台。同时,专业招聘网站也纷纷效仿,手机客户端、二维码扫描等逐渐介入到人才市场。移动终端的兴起拓宽了招聘求职渠道,也方便了企业搜罗人才、求职者找工作。

但在这里,需要提醒求职者,在利用微信等移动终端求职时,同样要保持职场人的专业形象,切不可以用网络用语来和用人单位交流。此外,要格外注意企业公众微信账号的真实性。在移动终端求职的同时,要配合专业人才网站及企业媒体的发布情况, 明确该企业是不是在招聘人才,避免上当受骗。

# 3.老板要求加微信,员工通过不通过?

打飞机、晒照片、聊生活……当你在微信里正玩得不亦乐乎之际,突然出现一个"关注"请求,定睛一看,是老板,你是什么心情?

你的微信朋友圈里有老板吗?

你的老板会通过微信安排工作吗?

**下属篇**

小陈是一家通信产品公司的销售人员。前天夜里跟同学聚餐,大家都在聊加微信的事,她一直闷闷不乐。一再追问,她说出实情,原来,当天下午小陈的微信居然收到了来自老板的"加入请求"。"我平时就喜欢在微信朋友圈发工作牢骚,也爱发私密照,如果把他加到我的微信朋友圈里,我就不敢玩微信了。"小陈担心道。

"公司里从上到下都加QQ号,平时办公时用,微信跟QQ号是捆绑在一起的,老板通过QQ直接就找到了我。"有同学建议小陈假装不知道,不加老板。可小陈说,老板会通过微信来安排工作,这个微信她不得不加!

李小姐去年稀里糊涂地就把单位领导加入了微信朋友圈,只是领导从未在微信发过话,李小姐就把这事忘了。

上周五,领导突然通知说周六加班,李小姐早就跟朋友约好周末去贵州漂流。在周六早上出发前,她直接给领导电话,以生病为由请假,而本人则潇洒地去漂流了。喜欢在微信朋友圈里晒照片的她,这次把漂流的照片也传了上去。照片里,她生龙活虎地上蹿下跳,这些都被领导给看了个真真切切。

周一上午一到单位,李小姐就被领导叫去,二话不说,直接以旷工为由处罚,并在部门通报。李小姐本想争辩,可有微信照片为证。自此之后,她开始在微信里潜水:只看不说。

**员工:应对老板,干脆开个小号**

唐女士去年7月份进入职场,为了方便工作,她主动加了领导的微信。有一次,她在微信上发了一条关于工作比较累的心情记录。她的上司马上评论,并询问唐女士为什么心情变差。"当时吓死我了,以为自己犯错了。"此后,唐女士再不敢在微信上晒心情,只发一些无关痛痒的东西。

很多白领都加了上司的微信,并进入了工作部门的微信群。加了领导微信后,原本活跃、爱晒心情和日常生活情况的他们变得沉默不少,怕自己一发点"出格"的心情就会引来领导关注,"其实领导关注还好,就怕整个部门的人都知道了,到时候在背后议论我。"唐女士说道。

而进入微信群后,平时不爱发话的一些白领们也变得"活跃"了,"没办法,上司发起工作讨论,不讨论就代表不积极。"赵女士说,她在南宁市一家网站工作,因为害怕错过一些重要信息,她会时不时地看看微信和微信群,"有时精神很紧张。"赵女士坦言。

面对来自部门、上司的"微信"压力,白领们也有自己的应对招数,有的干脆开两个微信,一个用于生活,一个用于工作。有的因为担心领导看见自己晒的心情,则干脆对领导设置了屏蔽功能。

**TIPS:这样避开领导**

几乎所有的员工对老板加自己微信都很反感:聊工作有QQ就够了,微信是跟朋友聊生活的地方,不希望老板介入。

那么,加入微信后,如何避开领导或者不让领导进入朋友圈呢?

应对办法如下:

(1)进入微信,按照提示操作:微信—我—设置—隐私。

(2)在"隐私"这个选项里,找到"通过QQ号搜索到我"和"向我推荐QQ好友"的选项,关掉它们,如此,任何人都不能从QQ找到你的微信账号并加你了。

(3)即使领导找到你的微信账号也不怕,同样是在"隐私"选项里,有个"通过微信账号搜索到我",关闭它,其他人就不能通过微信账号找到你了。

(4)把领导加入微信朋友圈后怎么办?在"隐私"选项最下边,有"朋友圈权限",进入后,有"朋友圈黑名单",把微信通讯录里的某个朋友(比如领导)添加到这里,你在朋友圈发的照片他将无法看到。不过,文字还是能看到的。所以,如果你加了领导进入朋友圈,说话还是得谨慎些。

### 老板篇

贸易公司的刘总说:"我加员工微信就是为了方便沟通,微信不是有免费对讲功能嘛,我跟几个关键部门的员工组成微信群,经常通过微信对讲布置和交流工作,这也是为员工节省电话费。如果员工心里没鬼,她怕什么!"

某家电企业负责人说:"互联网上是没有隐私的,上微信就该明白这点。加员工微信一是可以从中了解员工心理状态,二是微信确实有一些办公功能,这很光明正大嘛。"

除了老板、同事用微信外,老爸老妈用微信的情况也多了起来,这让不少人大呼"没有隐私"了,应先生就是众多声称"没有"隐私的人之一。

应先生来宁波工作已经快3年时间了,平时只依靠电话和在外地的父母交流,"极少时候也用视频,就是想让他们对我少点牵挂。"应先生说。

今年春节回家，应先生大多数时候都用微信和朋友联系，他父亲觉得这样的方式很便捷，就要求应先生给自己也安装一个。

"我当时听了就傻了，我老爹原来知道我用微博后，自己注册了一个，还关注我，时不时还评论下；现在又要加我微信，我的生活里简直没有'隐私'了。"

他告诉记者，父母想多和孩子联系固然是一件好事，但自己朋友圈里多数是不想让爸妈知道的事情。

"如果爹妈又要加我微信了，估计老两口得天天教育我了。"应先生说，"为了不让爸妈担心，我就给他们说微信要上网，需要流量，稍不小心流量超出就要收费。"

被应先生这么一说，老两口打消了加儿子微信的念头。"还好他们平时比较节俭，一听说话费比较多就没有装了。"应先生无奈地说，"我微信绝对不会加亲戚和老板的，要不真的没有自己的空间了。"他屏蔽了不少朋友的朋友圈消息。"晒娃、晒美食、晒恩爱，还有很多人在朋友圈里做起奢侈品代购生意。一打开朋友圈，经常被这些人刷屏，也挺烦的，我就把这些人都屏蔽了。"

**老板：不会在微信上对员工盯梢**

微信群就是把办公室搬到了网络上，那么，老板们是否介意员工用小号混江湖？其实，企业领导们大多只是半眯着"微信眼"，不会对员工刻意盯梢，年纪稍长些的领导甚至不玩微信。

某银行信用卡公司部门主管江先生说，公司的部门微信群还是很活跃的，除了聊工作，也会讨论生活话题。江先生了解到，自己部门里也有两三个员工是用微信小号加进群里的，"他们大号上发的信息会更多"。江先生表示不会对员工的微信生活做任何干涉，"微信分工作和生活开大小号是个人自由，只要他们玩微信不影响正常工作，不泄露行业机密，我们做领导的也没理由限制他们。"

　　某电子产品公司的门市部分设了工作和生活两个微信群，部门主管谢先生说，分类开微信群是公司透明化管理的一个表现，员工也没有必要开大小号了。


**专家篇**

　　"下了班，员工还要时刻关注微信，及时回答上司的问题，这样会造成员工压力较大，不利于公司的长久发展。"某人才市场首席礼仪顾问李晓晗说道。她认为，在职场中，员工本身已承受了大量的工作压力，如果下了班还要被上司用微信来"监督"，让员工没有喘息的地方和空间，会让员工觉得自己不受尊重。

　　李晓晗认为，员工在加了上司的微信后，不必给自己过度的压力，进而不敢在微信上晒心情、晒照片。一些上司想加员工的微信，并不一定是为了给员工工作上的压力，而是真心想关心员工的生活。员工要是感觉上司的关注让自身有压力，可找时间主动和上司聊天，进行及时沟通。

　　李晓晗认为，在上司关注员工微信背后，折射出的是沟通问题。她认为，一个好的公司、好单位，应当建立和完善工作沟通机制，上司最好不要用微信来绑住员工，变相让员工在生活中也替公司加班。"除非员工主动提出要加上司的微信，不然上司还是不要主动加员工微信的好。"李晓晗建议。

　　如果出于工作目的，老板要加员工微信也应该是光明正大地加，比如一定要在加入请求中亮明身份。老板应该尊重员工，如果员工不允许或不回应则不该强加。此外，加了员工微信的老板要胸怀宽广，即便员工在微信里谈到自己或者公司，老板也不应该为此迁怒员工。

# 4."微信理财"风潮起，你尝鲜了吗？

信用卡用了多少钱？黄金价格多少？这些问题现在发条微信就能获取答案。继招商银行推出"微信银行"，工商银行也推出了相关服务，能即时提供12项金融信息。目前，各大银行都有"微信客服"，主要提供咨询功能。业内人士预计，随着"微信客服"向"微信银行"转变，直接在微信上办理传统银行业务将水到渠成。

最早在微信上发力的是招商银行。2013年3月，招行推出信用卡微信客服。到8月份，已经有超过100万客户绑定。在此基础上，招行又推出了全新概念的首家"微信银行"，从单一信用卡服务拓展为集借记卡、信用卡业务为一体的综合服务平台。

8月5日，工商银行在其官网上发布其"微信银行"介绍，该方式可提供的服务包括7×24小时人工咨询、自助查询获取优惠活动、黄金价格等12项金融信息。

通过微信查询公共账号获悉，发现各大银行基本都开设了"微信客服"，且有进一步升级"微信银行"的趋势。

据珠海工商银行相关业务负责人介绍，近年来移动终端发展迅速，客户通过移动终端进行业务咨询、办理的需求日益增长，而不同年龄、地区、偏好的客户在不同环境、条件下的需求也有所差异，微信银行更能适应客户的多元化需求。

据招商银行珠海分行相关人士介绍，7月份升级的"微信银行"已经可以实现借记卡账户查询、信用卡账单查询等卡类业务，更可以实现招行网点查询、贷款申请、办卡申请、手机充值、生活缴费等多种便捷服务。转账汇款、信用卡还款等业务,则需要客户发送请求,微信银行反馈相应链接,客户再通过手机银行操作,以保证安全性。

招行方面表示,"微信银行"除了人们所熟悉的客户服务功能外,更便捷地提供了网点地图和排队人数查询的功能。客户在微信上点击"网点查询和服务预约"的菜单并登录后,将可以看到附近有哪些招行网点和这些网点目前的排队情况,方便客户选择排队最少的网点办理业务。此外,微信还有在线智能客服,用户可利用任何碎片时间在线咨询。

**尝鲜——业务咨询自动"秒复"**

通过微信上的"搜索"功能,用户可查到不同银行的微信平台,之后直接添加关注即可体验各种服务。

比较各大银行微信平台发现,目前"微信银行(客服)"主要分为三类。

第一类:提供促销活动信息,如中国银行、交通银行等。中行发送数字"1",可实时获取该行当前的优惠活动和新产品信息。

第二类:提供业务咨询,如工商银行、建设银行等。其中,工行只需编写"95588",即可获取全面的操作指南,随时查询黄金价格、汇率、存贷款利率等12项金融信息。该行还有在线客服,可以回答用户提出的问题。与工行不同,建行主要通过发送数字,回复相关链接,用户打开链接获取信息。

第三类:以招行为代表的微信银行,功能更加完善。办理业务前,用户需要通过身份验证,绑定银行卡。之后通过微信发送数字,即可获取账单、消费、还款日等信息,另外还能为手机充值。此外,该微信银行也提供了人工咨询功能。

"微信银行"是继网上银行、电话银行、手机银行之后又一便捷金融业务服务方式。招商银行方面介绍,凡涉及客户私密信息的功能,均将在招行手机银行后台进行办理,而不是直接在微信上完成。

据业内人士介绍,微信银行作为一种新型的业务,其安全性需要进一步评估。由于监管部门对这方面监管异常严格,该业务发展首先需要确保风险可控,通过政策关;另一个挑战来自技术层面,微信作为一种通讯手段,功能多样,且会不断更新换代,银行是否有足够的人力物力配套维持这一系统还有待观察。

# 5.微信还是"危信"? 提高网络安全意识

基于智能手机的微信应用平台正在迅猛发展,目前用户已达数亿。经调查发现,在为用户提供更大社交便利的同时,微信也存在一些被利用实施犯罪、传播不良信息等安全隐患。相关政府部门和专家认为,促进微信健康发展,还需在个人防范、企业自控、政府监管方面"三管齐下"。

**案例一:微信求出轨反被擒**

2012年8月中旬,东营市河口区女青年王某通过微信认识了男网友孙某,一番短时间的交流后,孙某通过微信提出来要和王某发生一夜情。王某很是反感,就想让孙某出出丑,于是假装同意,并相约在河口区一饭店内见面。9月3日晚,王某和几个朋友一起来到约好的饭店后,孙某也和几个朋友随后赶到。王某通过微信确认了孙某等人其中之一就是发微信的人后,悄悄打电话报了警。海滨公安分局巡逻警察大队接到报警赶到现场后,王某立即带着民警对孙某等人进行了指认。孙某矢口否认,但是当王某用手机拨打电话后响起的是孙某的手机时,丑事败露的孙某恼羞成怒,要殴打王某。民警及时控制住现场局面,并将当事人双方带到了辖区派出所。审理过程中,孙某承认自己想通过微信玩一夜情,被拘捕罚款。

**案例二:微信交友带来的杀身之祸**

徐某是昆明一家服装店的老板,36岁,离异后一直独自生活。一个偶然的机会,她通过微信的定位功能发现并结交了一山东籍男子尹某,两人很快结成了男女朋友。其实,徐某的这位男友已经有一位交往多年的女朋友,玩微信只是为了排遣寂寞,他并没有跟徐某长远在一起的打算。但微信上的你来我往,却让徐某彻底放下了防备。在和尹某交往不久,她就向尹某透露,自己有一笔50多万的拆迁补偿款,此时尹某因为生意失败急于用钱,便打起了这笔钱的主意。一天,徐某下班离开服装店,而尹某和他的两名同伙已经带好头套,埋伏在徐某店外停车场内等待着她。三人逼她说出银行卡密码,但是当他们去拉受害人的时候,受害人惊叫了起来,他们一时情急,把受害人脸部压在水沟里面,结果受害人溺水身亡。徐某怎么也没想到,微信结交的"缘分"带来的竟然是杀身之祸。

**案例三:微信信息真假难辨,使用需谨慎**

微信中的个人信息同样是真假难辨。28岁的云南蒙自青年彭某是个微信迷,对微信的产品特性了如指掌。与一般人不同的是,他有多个微信号,其中有一个微信号竟然是冒充女生注册的。彭某已失业一年,房租、车贷花光了他所有的积蓄。用"李婷"的假身份,彭某只搜索有钱人,如果对方不符合他所认定的条件,就立即删除。不久后,彭某在众多微友中锁定了一个目标王某。为从这条大鱼身上搞点钱花,彭某进行了周密的策划。他让女朋友杨某冒充"李婷"去跟王某见面,然后实施麻醉抢劫的计划。彭某把10片安眠药磨成粉末交给杨某,让她趁机在聊天过程中下药。就这样,王某在不知情的情况下喝光了混有安眠药的啤酒,两人于19点55

分离开酒吧回到了王某的车上,10分钟后,王某昏迷。随后赶来的彭某抢走了王某随身携带的欧米茄镶钻金表、金首饰、手机、现金等,折合人民币317600元。

### 案例四:微信调情,只为算计你

义乌市公安局稠北派出所成功打掉了一个"酒托"诈骗团伙,抓获17名犯罪嫌疑人。其中,8个男的,9个女的,都是20多岁的年轻人。平时,他们的主要工作就是通过微信摇一摇、QQ漂流瓶、手机短信等方式"钓鱼",鱼儿上钩后便将他们带到指定的饭店和酒店进行高价消费。据犯罪嫌疑人交代,这个团伙分工很明确,有专门收集微信号、QQ号和手机号的人,也有从事联系和与人在线聊天的人,更有负责安排见面事宜的人。一般来说,团伙里的女孩子与受害人取得电话联系后,会在约定地点见面。这些女孩子会通过男子的穿着来分析他们的经济状况,接着考虑下一步要"敲"多少钱。等他们掏钱时,女孩子就瞄一眼他们的钱包,看看他们身上钱款数目,然后再看情况点一些红酒和茶水之类的高价位饮品。更过分的是,在指定约会场所,不少饭店里,不仅"服务员"是假的,这个团伙还自制"菜单",也就是说,上当的男性在咖啡店里看到的菜单,上面的标价都比店里正常的价格要高出很多。"服务员"会要求客人先付款。一般来说,为了节省时间,"约会"的时间会控制在一个半小时之内,消费金额在400~1500元之间。消费了多少金额,他们可以按利润的15%~30%的比例拿"提成"。除去成本,"业务"好一点的成员,每天能靠这种方式获利三四百元。

### 案例五:少数"灰色信息"广为流传

与陌生人社交相比,微信的主要功能还是在熟人间传递信息。微信传播的主要内容是较为私人化的个人照片、生活信息等,其中也混杂了一些不实、不良、不法的"灰色信息"。

第一,虚假欺诈类信息。

2013年2月,一条信息在微信中转发量极大:"帮忙转一下,一名北京三中的学生,叫谢露,13岁,消失几天了,她爸爸的号码是……爱心接力,我的好友们都帮她忙转下,必有好报。"拨打该号码发现它并不存在;媒体、警方随后也证实了消息的虚假性。大约一周后,微信上才开始传播"辟谣信息":"别再转了! 别再用我们的善良为骗子买单了! 关于北京三中孩子谢露失踪的信息是诈骗信息,电话都是同一个,只要打了就是声控电话,扣除好多钱。"

第二,混淆视听类信息。例如:"今天下午六点开始,高清探头全部启动,副驾驶室不系安全带也要处罚,开车时打电话罚款50元,闯黄闪罚300,越线停车罚100……请相互转告亲友以免被罚! "在上海,交警部门辟谣后不久,类似信息又重新出现,警方不得不反复澄清。

第三,迷信类信息。一些信息甚至带有"看见此信息不转,母亲会有灾祸"等诅咒言辞,不少微信用户对此颇有微词。

专家认为,一些"灰色信息"之所以能够在微信上迅速传播,是因为微信的"可信"度高、隐秘性强、裂变性大,最终导致出现"病毒式传播"。复旦大学传播学学者朱春阳说,由于微信好友大都是熟人,与传统网页、微博相比,微信传播的信息更具有说服力、可信度,微信的"可信"度还会不断自我增强。例如,一个人看到很多朋友不约而同地发布同一条信息,就会越发相信,继续转发出去。